한우를 사랑해요

그림 김영숙

한우를 사랑해요

1948년, 한국을 사랑한 일본인의 한우 이야기

마쓰마루 시마조 지음
목련꽃회·이해진 옮김
김석출·김영숙 그림

논형

머리말

　일본의 농사는 누렁색깔의 소·한우의 도움 없이는 생각할 수 없습니다. 이렇듯 한우는 없어서는 안 될 귀중한 가축입니다.

　그럼에도 불구하고 일본인이 알고 있는 한우에 대한 지식은 보잘 것 없습니다. 뿐만 아니라 한우의 혜택을 받고 있는 일본의 농민조차도 한우에 대한 지식이 결코 충분하다고 할 수 없습니다.

　일본 제국주의시대에는 소가 필요할 때마다 한국에 손을 내밀었지만 이제 한우를 들여오는 것이 힘들 뿐만 아니라 마음대로 수입할 수도 없는 것이 오늘의 현실입니다.

　부디 여러분께서 한우에 대해 깊은 관심을 가져주기

를 바랍니다. 우리 일본인도 한우에 대한 깊은 지식을 가지고 한우를 기를 수 있도록 힘써야 할 것입니다.

이 글을 쓴 첫 번째 이유는 앞으로 많은 한우를 길러내기 위한 올바른 지식을 학습할 힘 있는 길잡이가 되기를 기대하기 때문입니다.

일본은 지난 35년간 한국을 식민지로 만들어 말할 수 없는 약탈과 억압을 자행해왔습니다. 그리고 우리 일본인은 한국인에게 온갖 차별과 멸시를 가해왔습니다.

그러나 일본의 패전으로 많은 일본인도 제국주의의 압제로부터 풀려 나오게 되었습니다. 이제 한국과 일본 두 나라의 농민은 서로가 자기입지에 서서 민주적이고 평화롭고 풍요로운 나라를 건설하는 새로운 발걸음을 내

디디게 되었다고 할 수 있습니다.

우리 두 나라 국민은 바다를 사이에 두고 사는 이웃입니다. 그러기에 마음속으로부터 이해하며, 굳게 손잡고 나아가야 한다는 것은 두말 할 필요도 없습니다.

지금까지의 잘못은 전적으로 일본에 있습니다. 이는 일본인이 한국의 역사와 실정을 모르고 있었기 때문입니다. 이제부터는 일본이 두 번 다시 이런 범죄를 되풀이하지 않고 서로가 잘 이해하기 위한 또 하나의 길잡이가 되어주기를 바라는 마음이 두 번째 이유입니다.

동시에 현재 일본에는 일본제국주의의 희생양이 되어, 고향을 떠나 일본에서 살 수 밖에 없었던 재일동포가 많이 있습니다. 그리고 이들의 아들딸은 일본에서 태어나 일본에서 자라고 있습니다. 그렇기 때문에 한국 사람인데도 불구하고 고향인 자기조국에 대해 잘 모릅니다. 이런 불행한 재일한국인 소년소녀들에게 '고향을 더 잘 알 수 있는 수단이 되고 좋은 길잡이가 된다면 얼마나 좋을까?' 하고 생각한 것이 세 번째 이유입니다.

　여러분은《한우를 사랑해요》라는 책 제목만 보고 "아마, 단편적인 이야기일거야……"라고 생각하겠지요. 그러나 이 글은 틀림없이 여러분이 한우에 대해 많은 것을 배우게 되는 특별한 계기가 될 것입니다.

여러분!

부디 너그럽고도 따뜻한 마음으로 읽어주세요. 한 구절 한 구절 명심해서 읽어주시길 바랍니다. 이 글이 여러분의 기대에 어긋날 것 같아서 걱정스럽기도 합니다. 아무튼 기탄 없이 비판해주세요. 특히 한국인의 솔직한 비판과 의견을 진심으로 부탁드립니다.

1948년 11월

마쓰마루 시마조

차례

1

이 책을 쓴 이유

'소'

이 말을 듣고 사람들이 떠올리는 것은 무엇일까요? 아마 '우유'나 '쇠고기'가 아닐까요? 그리고나서 우유를 생산해내는 흰색과 흑색의 얼룩소나 통통한 육우肉牛를 상상하겠지요.

그러나 소가 가진 역할은 그저 우유를 생산해내거나 식탁에 쇠고기를 공급해주는 것만은 아닙니다. 달구지에 짐을 싣고 다니고 쟁기를 끌며 농사를 짓는 역우役牛가 있습니다.

유럽이나 미국에 비해 우유나 쇠고기 소비가 적은 일본인은 달구지나 쟁기를 끌며 일하는 역우가 더 중요하고 고마운 존재입니다.

실제로 일본 농촌에서 짐을 어떻게 운반하고, 농사는 어떻게 짓고 있는지 잘 살펴보면 소가 아주 중요한 가축이라는 것을 알 수 있습니다.

그 증거로 일본 농가의 거의 대부분이 소를 기르고 있지 않습니까! 추운 겨울은 별도로 하고 봄이나 가을철이 되면 소는 가축의 일원이 되어 달구지나 쟁기를 끌면서 부지런히 일합니다.

시꺼먼 소와 누렁 소

한국 농가에서 가족의 일원이 되어 부지런히 일하는 한우는 도대체 어떤 소일까요?

일본의 어떤 지방에서는 "우리 고장에는 시꺼멓고 키 작은 소가 많아요"라고 하는 사람도 있고, 또 다른 지방에서는 "우리 고장에는 이전에는 시꺼먼 소가 많았지만 지금은 다 누렁 소만 길러요"라고도 하겠지요. 그리고 시꺼먼 소는 다지마但馬(효고현 북부) 소, 이나바因幡(돗토리현) 소, 아니면 빈고備後(히로시마현) 소라 하는 일본 재래의 소 즉 와규和牛이고 누렁 소는 한우韓牛라는 것이에요. 이 한우는 한국에서 일본으로 건너온 소이죠.

"한우가 일본에 건너 온 것은 언제일까?"

여러분 중에 이런 의문을 가진 사람은 많지 않을 것입니다. 왜냐하면 시골 어디를 가도 누렁 소가 없는 곳이 없

한우   와규(일본소)

홀슈타인(젖소)   헤리퍼드(육우)

기 때문입니다. 한우를 일본 재래의 소와 구별하여 보는 것이 아니라 "일본과 한국의 교류는 머나먼 옛날부터 있었기 때문에 지금 일본에 사는 누렁 소도 그 옛날에 건너온 것이지"라고 생각할지도 모릅니다.

　그러나 우리가 지금 보고 있는 한우는 일본의 메이지 시대(1868~1912) 말기, 일본제국주의가 무력으로 '한일합병'이라는 이름하에 한국을 식민지로 삼은 후, 약 30~40년 동안에 일본으로 끌고 온 한우입니다.

물론 그 옛날에도 한반도에서 일본에 건너온 소도 틀림없이 있었을 것입니다. 그러나 먼 옛날에 건너온 소는 오랜 세월 동안 모두 일본 재래종과 교배되어 잡종이 되고 말았습니다. 일본의 소를 개량하는 데 이용되어 한우 자체의 본 모습을 가진 소는 없습니다.

1915년 2월 8일. 경성일보(京城日報)에는 일본으로 이출(移出)된 한우는 해마다 증가되어 "1910년에는 1,309두(頭)였으나 1913년에는 8,290두로 격증했다"고 실려 있다.

일본인의 근거 없는 편견

"한우는 일 잘하는 역우이고 세상 사람들이 놀랄 만큼 우수한 소질을 가지고 있는 소예요"라고 이야기하고 싶습니다.

그러나 "어! 그래? 한우라는 소가 그렇게 훌륭한 소인 가요!"라고 바로 알아차리는 사람이 얼마나 있을까요?

학교나 가정에서 "일본은 신이 다스리는 나라다. 야마토(일본) 민족은 신의 아들딸이다. 그러기에 그 어떤 민족보다 훌륭한 민족이다"라고 교육받아왔기 때문에 태평양전쟁에서 패하여 "신의 아들딸이 사람의 아들딸보다 열등했다"는 사실이 증명되었음에도 불구하고 아직까지도 자만심을 버리지 않은 사람들이 많다는 것입니다. 이와 같은 교육을 받아왔기 때문에 여러분의 가슴속에 한국을 깔보는 의식이 집요하게 남아있는 것이 아닐까요?

일본은 메이지시대 중기부터 자본주의가 급속히 발달했고, 그 후 더 크게 발전시켜 보고자 한국을 식민지로 삼은 것입니다. 그 후 오늘날까지 일본침략자들은 한국 사람에게 끊임없이 욕을 퍼붓고 온갖 모독을 가해왔습니다. 이러한 환경 속에서 자라나고 교육받은 여러분은 한국(죠센朝鮮)이라는 말만 듣고서도 반사적으로 경멸하고 무시하는 마음이 생기는 것도 당연한 일이지요.

마음을 가다듬고 잘 들어보세요.

한국인은 우리 일본인의 은인이고 선생님이었습니다. 모욕할 것이 아니라 오히려 감사해야 할 사람들이라는 것을 알아야 합니다. 예컨대 그 옛날 우리 일본인에게 문자·한자를 전해준 것도 한국인이라는 것은 여러분이 잘 아는 사실입니다.

문자만이 아닙니다. 그 당시의 선진 문명과 문화를 우리에게 전해줌으로써 오늘날의 일본이라는 존재의 토대를 닦아준 것도 한국인입니다.

한국인이 우리 일본인에게 혜택을 나누어준 것도 옛날에만 있었던 것이 아닙니다. 일본의 식민지하에서 폭압적인 압박과 온갖 수모를 겪으면서도 우리생활에서 꼭 필요한 쌀이나 철 그 외의 많은 물자도 주었습니다. 어찌 그뿐이겠습니까! 노동력과 소까지 공급해주고 있었습니다.

그렇게 생각해 보면 우리들은 한국인에게 깊이 감사해야 하고 절대로 모욕적인 감정을 가져서는 안 된다는 것을 분명히 알 수 있습니다.

그리고 이러한 잘못을 반성하고 이웃인 한국을 마음속으로 이해하며 존경하는 마음을 갖는 것이 무엇보다도 중요합니다.

생각을 바꾸어야 한다

"한우는 우수한 소질을 가지고 있는 훌륭한 소"라고 하지만 잘 알지 못해 주어진 보물을 몰라보고 무심하게 지내왔던 것입니다.

이런 사실을 모르고 얼빠진 사람이 된다면 어떻게 민주일본건설이라는 큰 일을 해낼 수 있겠습니까!

우리 일본인이 한국과 한국인에 대한 터무니없는 편견을 없애는 일, 말하자면 생각과 마음을 바꾸는 것이 무엇보다도 중요하고 우선적인 과제라고 생각합니다.

물론 생각을 바꾼다는 것도 그리 간단하고 쉬운 일은 아닐 것입니다.

이렇게 말하면 여러분은 "그럼 어떻게 해야 한단 말인가요?"라고 질문하겠지요.

우선 여러분은 한국 실정을 잘 알고 이해해야 합니다. 그것은 현재의 실정만이 아니라 과거의 역사부터 오늘 어떻게 해서 이런 현상이 생겼을까? 그 원인을 똑똑히 알아야 합니다.

다음으로 여러분이 일단 한국인의 입장이 되어보고 한국사람의 심정을 이해하도록 노력해야 합니다. 이렇게 함으로써 처음으로 서로의 사정도 잘 알 수 있고 마음도 통하게 되는 것입니다.

내가 연구하는 목축학을 통해서 풍부한 소질을 가진 한우에 대한 이야기를 함으로써 일본의 소년소녀들, 그리고 모든 일본인의 마음을 바꾸는 일에 보탬이 되길 바라는 마음으로 이 글을 써 나가겠습니다.

앞에서도 말했듯이 일본의 소년소녀가 일단 한국인의 입장이 되었기에 어느 정도 그 목적이 달성되었다고 가정하고 매우 특별한 형식이지만 일본에서 태어나고 자란 재일한국인 어린이들에게 이야기하는 형식으로 이야기를 이끌어 가겠습니다.

그러기에 일본인인 여러분은 읽기 힘들겠지만 끝까지 읽어주시길 바랍니다.

풀을 뜯고 있는 한우

2

한우는 세계의 보물이다

여러분의 고향 사정

재일한국인 소년소녀 여러분!

여러분의 아버지와 어머니는 정든 고향을 등지고 일본으로 건너온 분들입니다. 그리하여 여러분은 일본에서 태어나 일본에서 자라나고 있습니다. 그래서 여러분은 고향의 아름다움과 고향의 여러 사정을 잘 모르고 있다고 생각합니다.

뿐만 아니라 지금까지 한 번도 고향에 가보지 못한 사람도 많겠지요. "나는 세 번이나 고향에 갔다 왔어요" 또는 "나는 해마다 고향에 다녀와요"라고 하는 사람도 간혹 있겠지요. 그러나 정도의 차이는 있어도 부모님의 이야기를 듣고서 고향을 상상하거나 두서너 번 다녀온 고향의 풍경에서 고향을 상기할 정도일 것입니다.

나는 10여 년의 짧은 기간이었지만 한국에서 살아보았기에 여러분보다 한국 사정을 더 잘 알고 있을 것입니다.

내가 이렇게 얘기하면 "당신은 일본인이 아닌가요? 한국에 대해서는 일본인보다 우리들이 더 잘 알고 있어요"라고 할 사람이 있을 거예요.

그러면 나는 이렇게 물어보겠습니다.

"그럼 당신의 고향에 있는 한우가 어떤 소인지 알고 있나요? 그 진가를 알기나 해요?"라고요.

한우란 여러분이 일본에서 언제나 볼 수 있는 그 누렁색깔의 황소예요. 그 소는 달구지를 끌고 다니는 매우 온순하고 부지런한 소입니다.

"그 한우가 세계의 어떤 역우와도 비교할 수 없는 훌륭한 소질을 가진 멋진 소라는 것이지요."

내가 이렇게 말한다면 여러분은 아마 깜짝 놀랄 것입니다.

그리고 나서야 "암, 한국인인 우리는 잘 모르고 일본사람인 당신이 우리보다 아는 것이 많은 것 같다. 일본인이 하는 이야기지만 한 번 들어나 보자"라고 생각을 바꿀 수 있지 않을까요?

아니 일본에 사는 여러분만이 아니라 한국에서 나고 자라, 하루 종일 한우와 같이 생활하며 크나큰 혜택을 입고 있는 한국의 어린이들도 한우의 우수성을 똑똑히 알고 있는 사람은 거의 없는 게 아닐까요?

일본에 오카메하치모쿠(岡目八目)라는 속담이 있습니다. 한국에서 말하는 '훈수초단', 즉 바둑은 대국자보다 구경꾼이 여덟 수 더 앞을 본다는 뜻입니다. 말하자면 당사자보다도 곁에서 구경하는 사람이 오히려 사물의 본질을 더 잘 볼 수 있다는 것입니다.

한우에 대해서도 한국인은 모르는 사실을 더 잘 알 수도 있다는 것이지요.

1936년 베를린올림픽 마라톤경기에서 손기정 선수가 우승하여 금메달을 땄습니다. 그리하여 세상 사람들을 놀라게 했습니다. 또한 파리에서 열린 국제박람회에서 한복이 우아하고 아름다울 뿐만 아니라 건강상에도 좋다고 크게 호평 받았습니다. 나는 한국이 세계에 자랑할 만한 또다른 하나는 다름 아닌 한우라고 소리 높여 이야기하고 싶습니다.

세계에 자랑할 만한 한우

이런 이야기를 하면 여러분은 "한우의 어떤 점이 훌륭

한 소질이라는 거예요?"라고 질문하겠지요.

이에 대한 대답은 "사람의 말을 잘 듣고 온순할 뿐만 아니라, 질 낮은 사료를 먹고도 힘세고 부지런한 소"라고 말씀드리고 싶습니다. 이런 말을 들으면 조금 호기심도 생기고 가까이 다가가서 만져봤으면…… 하는 생각도 들겠지요. 그 반면에 조금 겁도 나고요.

소나 말이 깨물지 않을까? 뒷발로 차지는 않을까? 하는 두려운 생각도 들겠지요. 많은 마소 가운데 이런 장난을 하는 놈도 더러 있을 터이니 함부로 다가가면 안 됩니다. 극히 일부 이런 마소도 있겠지요. 그러나 한우는 어느 하나 할 것 없이 온순하니 그런 걱정은 할 필요가 없습니다. 한우는 아주 질 낮은 사료를 먹고서도 잘 성장해가니 소를 기르는 농민들에게는 정말 다루기 쉽고 편리한 고마운 소입니다.

일본에 사는 한우

오늘날 한우는 한국에서만 사육되는 것이 아니라 일본의 어느 고장에서나 흔히 볼 수 있는 가축입니다. 지금 일본에는 약 200만 두(1948년 당시)의 소가 사육되고 있습니다. 그 중 약 30만 두가 젖소인 흑백의 얼룩소·홀슈타인 종이고, 한우는 약 50만 두가 되며 나머지 100만 두가 일본 고유의 소·와규(일본소)입니다.

약 100만 두의 와규가 옛날부터 일본에서 사육되어 오랜 세월을 거쳐 서서히 늘어난 반면, 한우는 단 30~40년 동안에 급격히 증가되었습니다. 이 사실 하나만 보아도 한우가 대단히 기르기 쉬운 역우라는 것을 잘 알 수 있습니다.

일본 침략자들은 근 반세기 동안 한국을 억압하고 많은 것을 약탈해 왔습니다. 한우도 그들이 약탈해 온 가축입니다.

오늘날 일본의 논밭 어디에서나 한우가 일하고 있는 광경을 자주 보게 됩니다. 한우는 극히 최근에 일본에서 중요한 농경수단이 되었는데, 그 옛날부터 한우를 사육해 온 한국에서는 농사는 물론이고 사람들의 생활에 큰 도움을 주었다는 것은 두말 할 필요도 없습니다.

한우가 사람들의 의도를 잘 알아차리고 부지런히 일을 잘 하는 것은 한국인이 오랜 세월 고심하면서 키워내고 그 소질을 개량하기 위해 꾸준히 노력해온 결과입니다.

배에 실려 일본으로 가는 한우

이렇듯 한국에서는 한우와 사람이 뗄레야 뗄 수 없는 밀접한 관계가 형성되었습니다.

한국인의 생활과 한우

일본엔 한우만이 아니라 일본소 · 와규도 있습니다. 뿐만 아니라 말도 많고 트럭도 많이 있습니다. 그런데 한국에서는 말은 있지만 농사나 운반수단으로 이용하지 않습니다. 또한 트럭도 일본에 비하면 그리 많지 않습니다. 그러기에 사람들의 생활에서 한우가 차지하는 역할이 매우 크다고 할 수 있습니다.

한국은 농업을 제일가는 산업으로 삼고 있으면서도 농민은 매호당 매우 적은 논밭을 가지고 농사를 짓고 있습니다. 어느 농가할 것 없이 아주 가난해서 한우의 힘을 빌리지 않고서는 농사짓기가 매우 힘듭니다. 그리고 이런 가난한 농가는 편리하고 값비싼 농기구들을 소유하기가 곤란합니다. 그렇기 때문에 소가 최대의 원동력이 되었고 소의 힘을 빌리지 않고서는 농사짓기가 힘들었습니다.

또한 소는 논밭을 경작할 뿐만 아니라 물건을 운반하는 데에도 큰 역할을 해왔습니다. 한국의 지방에서는 트럭을 찾아보기 어렵고 큰 도시에 가야 볼 수 있습니다. 그러기에 지방에 사는 농민들은 무엇보다도 한우를 소중히 여기며 기르고 있습니다. 소를 가질 수 없는 가난한 농민들의 소원은 한우를 한번 길러봤으면 하는 것이었습니다.

한국에서는 소를 키우고 있는지, 그렇지 않은지에 따라 경영하는 농사 규모는 말할 것도 없고 수확의 많고 적음까지 결정됩니다. 어찌 그 뿐인가요. 농한기에 나무나 갈대 같은 땔감을 운반하여 별도수입을 얻을 수 있는가 없는가 하는 중요한 기준이 되는 것입니다.

소를 키우고 있는지, 그렇지 않은지에 따라 잘 사는지, 못 사는지가 결정된다니 많은 사람이 한우를 키우려고 하는 것은 당연한 이치입니다.

그럼에도 불구하고, 500년 이상 지속된 조선시대와 그후 한국을 식민지로 삼은 일제의 악랄한 통치하에서 한국 농민들은 말할 수 없는 빈곤과 고통 속에서 살아왔습니다.

그렇기 때문에 대다수 농민은 한우를 갖고 싶어도 좀처럼 가질 수 없었습니다.

일본으로 끌려가는 한우

한국의 가난한 농민들은 집과 가구 그리고 농기구까지 다합쳐도 소 한 마리를 구입할 돈을 마련할 수 없었습니다. 그러기에 어렵게 소를 갖게 된 농민들은 추운 겨울에 식구들은 추위에 떨면서도 소는 구들 위에서 안아 키우고 따뜻한 숭늉까지 끓여 먹이면서 고이고이 길렀다고 합니다.

한우에 대한 몇 가지 의문

이제 한우가 많은 소 중에서도 대단히 훌륭한 소질을 가진 소인 것을 잘 알게 되었지요? 동시에 더 많은 것을 알고 싶어 할 것입니다.

예컨대,

① 한우가 우수하다는 것을 알았는데 좀 더 자세하게 알고 싶어요.

② 한국 사람들은 그토록 훌륭한 소를 어떻게 길러냈을까요?

③ 많은 농민들이 한우를 키워보겠다는 소원이 컸음에도 불구하고 구입하기 힘든 것은 결국 소가 모자라서 그런 게 아닐까요? 왜 소를 더 많이 증산할 수

없었나요?

④ 한우가 훌륭하다고 하지만 결함이 있다면 그것은 어떤 것이며 이를 극복하려면 어떻게 해야 하나요?

이런 의문들이 아닐까요?

그 외에도 여러 가지 의문이 있으리라고 생각합니다. 어차피 여러분은 지금까지 한우에 대해 그다지 큰 관심을 가져 본 적도 없었을 것입니다. 그러기에 흔히 보던 소를 갑자기 세계의 보물이라고 할 만큼 훌륭하고 귀중한 것이라는 말을 들어도 여러 가지 의문이 생기는 것은 당연한 일입니다.

오늘날 한국은 일본제국주의에서 해방되어 새 나라를 건설하는, 아니 건설해야 할 새 시대의 문을 열었습니다. 다시 말해서 새 시대를 이어갈 여러분이 한우에 대한 옳은 지식을 지니고, 한국의 앞날에 밝은 빛을 비추는 지름길을 개척해 나가야 할 것입니다.

내가 한국에 체류한 기간에 배우고 알아본 지식을 토대로 한우에 대해 좀 더 자세한 이야기를 이어가겠습니다. 나의 한국 체류기간은 그리 긴 기간도 아니며 한국어를 사용할 수도 없었기 때문에 폭넓게 연구한 것은 아닙니다. 그러기에 이제부터 하는 얘기는 결코 완전한 것이 아닙니다.

　그러나 여러분이 이것을 출발점으로 삼아 "한우는 훌륭한 소임은 틀림없구나. 더 많이 공부해서 앞으로 더 우수한 한우를 육성해야겠다"고 결심하고 한우를 육성하기 위해 힘써준다면 그처럼 행복하고 영광스러운 일이 또 어디 있겠습니까!

3

말은 지배자의 소유물이었다

소와 말은 먼 옛날부터 인류가 키워온 정답고도 이로운 가축입니다. 소와 사람과의 관계를 알기 위해서는 사람을 위해 똑 같은 역할을 해 온 두 종류의 가축을 비교해보고 그 차이점을 알아보는 게 중요합니다.

한국의 말

한국에서 소는 많이 사육되지만 말은 그리 많지 않습니다. 한국의 말은 몸집도 작고 보기에도 난폭하게 보일 뿐만 아니라 야성미가 강해서 아무리 생각해도 훌륭한 가축이라고 할 수 없습니다.

소는 사랑을 듬뿍 받는 가축인데 말은 어째서 푸대접을 받아왔을까, 여러분은 알고 싶겠지요.

그럼 먼저 말에 대한 이야기를 하겠습니다.

한국에서는 어떻게 해서 말을 기르게 되었고 어떻게 발달시켜 왔는가 알아봅시다.

한국의 말은 어째서 저렇게 몸집이 작을까? 진정 일본

의 말이나 만주 그리고 몽고의 말에 비하면 몸집이 작기 때문에 망아지가 아닌가 하고 의스럽기도 합니다.

혹시 한국의 말은 한국 원산의, 한국 재래마일까? 그러나 좀 더 상세히 조사해보면 이 작은 말도 한국에서만 볼 수 있는 한국 고유의 재래말이 아니라는 것을 알 수 있습니다. 그 좋은 예가 동해에 떠있는 일본섬 오키노시마隱岐島에 있는 말은 한국의 말과 똑 같은 작은 말입니다.

또한 일본에도 교통이 불편한 산골에 가면 한국말보다는 크지만 몸집이 작은 말이 아직 많아 남아 있습니다. 뿐만 아니라 오키나와沖繩나 남양南洋에 떠 있는 섬에도 한국말과 많이 닮은 작은 말을 볼 수 있습니다.

키 작은 말은 결코 한국에만 사는 한국 고유의 재래말이 아님을 알 수 있습니다. 동시에 한국말과 남양이나 그 밖의 나라에 있는 말끼리 서로 핏줄이 이어져 있는 것이 아닐까? 하고 상상해보기도 한답니다. 이와 비슷한 이야기로 본래 남양 원산의 벼(나락)가 그 옛날에 한국에 전해진 것이 아닐까 하는 생각도 해봅니다.

먼 옛날 한국과 남양 사이에 교류가 있었다는 것도 납득이 가는 이야기인 것 같습니다.

어차피 일본말이 한국말에 비해 엄청나게 큰 것은 일본이 메이지 중반부터 외국에서 말을 수입하여 개량해 온 결과에 지나지 않습니다.

한국말은 푸대접을 받고 방치된 반면 외국의 말과 교배시킨 일본말은 어떻게 성장해 왔을까요?

일본은 메이지시대에 들어서자 자본가들이 자기들을 지키기 위해 힘, 즉 군사력이 필요했습니다. 그래서 외국의 말을 이용해서 개량시킨 것입니다.

이렇게 설명하면 "자본주의가 발달하면 왜 군사력이 필요하고 말을 개량할 필요가 있나요?"라는 의문이 생길 것입니다. 이 문제를 해명하는 것이 앞으로 여러분이 공부해 나감에 있어서 대단히 중요한 문제가 될 것입니다.

자본주의와 말

언제나 일본인 학자들은 이런 질문에는 "메이지유신 직후 일본 국내는 혼란에 빠지고 아무런 방비도 없었다. 미국 함대가 일본에 들어오자 연달아 외국 군함이 몰려왔다. 일본은 언제 침략당할지 모르는 매우 위험한 상황 속에서 국내의 안전을 위해 외국문명을 받아들여 짧은 기간에 일본의 자본주의를 성장시키고 하루 빨리 든든한 군비를 갖추어야 했다"라고 말해왔습니다.

여러분 가운데 이 설명을 듣고 납득이 안 가는 사람이 있을 것입니다.

일본 침략자들은 시종일관 사람들을 속이고 억압하며 착취해왔습니다. 이것은 다음과 같이 설명해야 합니다.

"일본이 서둘러 군사력을 완비하려고 한 것은 그런 이유도 있었을 것이다. 그러나 일본이 군비를 꾸리는 일에 본격적으로 착수한 시기는 메이지시대가 거의 절반이 지난, 말하자면 일본 자본주의가 어느 정도 발달하고 성장한 후라고 할 수 있다. 일본이 군사력을 필요로 한 것은 자기 자신을 지키기 위한 것이 아니라 외국 침략을 위해서였다.

원래 자본주의 국가라는 것은 자본주의가 어느 정도 발달하면 더 발전시키기 위해 필요한 원료공급지 및 상품판매시장을 찾아 군사력을 이용해 외국을 식민지로 삼으려고 한다. 일본 역사를 보면 자본주의가 독자적으로 성장하게 된 메이지 중기부터 오늘까지 70여 년 동안 거듭하여 전쟁을 일으켜오지 않았던가.

청일전쟁, 의화단사건, 러일전쟁, 만주사변 그리고 태

평양전쟁. 이 모든 전쟁이 침략전쟁이 아니던가. 이렇게 많은 전쟁이 거듭된 것도 일본의 자본주의가 성장함에 따라 새로운 식민지를 구하려했기 때문이다.

일본이 말 개량사업에 본격적으로 착수한 시기는 러일전쟁 이후라고 하겠다. 러시아 기마대와의 전투에서 골치가 아팠던 일본은 우수한 기병(말)이 필요하다는 것을 깨달았다. 그 후 일본은 다음 전쟁을 대비하기 위해 훌륭한 군마를 목표로 말 개량사업에 착수하였다."

이렇게 설명해야 옳은 설명이 됩니다. 좀 어려운 말을 했지만 이래야 진상을 똑똑히 알 수 있습니다.

말은 무기의 역할을 해왔다

먼 옛날 한반도 북쪽에 살고 있었던 고구려인들은 대단히 높은 문화를 가지고 있었고 번영했습니다. 그들의 문화 중에 주목할 부분은 '과하마果下馬'라는 그들 고유의 말을 마음껏 타고 다녔다는 것입니다.

무기라고 해봤자 그리 대단한 것이 없었던 시대에 말이 얼마나 효과적인 무기가 되었을까? 상상만 해도 이해할 수 있습니다. 예컨대 사람이 걸으면서 칼이나 창으로 싸우고 있을 때 적을 발로 차면서 전투하는 기마대의 파괴력은 자못 컸을 것입니다.

고구려인이 타고 다닌 '과하마'라는 말은 그 말을 타고 과일나무 아래를 자유롭게 달릴 수 있다는 뜻이라고 합니다. '과하마' 역시도 키가 큰 말은 아니었습니다. 키 작은 말이지만 고구려인은 말을 탈 수도 있었고 힘 있는 무기로 이용했습니다.

그러다가 점차 남부지역에서도 문화가 발전했고 동해안 남부의 고대국가들은 북쪽에 거주하는 민족들과 교류가 깊어져 훌륭한 말을 수입할 수 있었고 말을 잘 타고

고구려 고분벽화

다녔다고 합니다.

또한 한국의 남부지역에 신라와 백제가 발전했습니다. 제일 큰 세력으로 성장한 신라는 동남부의 비옥한 땅을 차지하고 훌륭한 말을 길러내기 위해 각별한 노력을 기울였습니다. 그 후 신라는 고구려와 백제를 멸망시키고 한반도를 통일했습니다.

신라가 한반도를 통일하고 통일신라의 여러 제도가 확립된 약 200년 동안 말은 급속히 증가했습니다. 그런 사실은 다음과 같은 역사기록을 보면 알 수 있습니다.

초기에는 전쟁에 동원된 말이나 포획한 말을 백 단위로 기록하고 있었으나 그 후에는 천 단위로, 그리고 끝내는 만 단위로 기록하고 있습니다. 이런 사실에서 신라의 말 두수가 급속히 늘어났다는 것을 알 수 있습니다. 그 시기에 말의 귀중함은 어떤 사람이 말을 잡아 죽이면 그 벌로 몸에 먹칠을 당하고 노예가 되었습니다. 뿐만 아니라 말 한 마리의 대가가 노예 3명이었다고 합니다.

신라의 말

신라에는 신분에 따라 매우 세밀한 법(규칙)이 적용되

고 있었습니다.

제일 높은 권력자 계급인 진골眞骨은 말을 많이 소유할 수 있었고, 육두품은 다섯 마리 이상, 그 아래의 오두품은 세 마리 이상 가져서는 안 되고 사두품과 백성은 두 마리 이상 소유해서는 안 된다는 법이었습니다.

신라에서는 국가가 큰 목장을 경영하고 있었고 목숙전 苜蓿典이라는 관청도 있었다고 합니다.

아무튼 목숙이 어떤 풀인가 하는 문제는 별개로 하고, 말은 이 목초를 좋아했으며 이 목초를 가지고 목장을 경영한 것은 틀림없습니다.

고려의 말

이야기의 중심은 한우에 대한 것이니 말에 대한 이야기를 길게 할 것은 아니라고 생각합니다. 말에 대해서는 간단히 정리하겠습니다.

고려시대의 말도 그 경위는 달랐지만 신라시대의 그것과 비슷했다고 할 수 있습니다.

그러나 엄청난 사건이 일어났습니다. 고려시대 말기에 원나라가 한국에 쳐들어 온 것입니다. 원나라의 침략으로 말미암아 한국은 물심양면으로 대단히 큰 고통과 영향을 받았습니다. 그리고 말들의 신상에도 커다란 변화가 생겼습니다.

원래 목축민족인 원나라가 침입해 와서 사람들을 지배했으니 한국 사람들이 상상도 못할 어려움에 처해졌다는 것은 두말 할 필요가 없습니다.

소나 말에 관한 관심이 컸던 원나라 사람들은 한국의 마소에 대한 관심도 자못 컸습니다. 그들이 끌고 온 몽고말과 한국말을 교배시켜 한국말에 큰 영향을 준 것을 충분히 상상할 수 있습니다.

그들은 우선 황해도 백천白川을 비롯한 여러 곳에 목장을 꾸렸습니다. 그 후 점차로 해안선을 따라 서해안 섬 이곳저곳에 목장을 꾸리고 소나 말을 사육했습니다.

이렇듯 원나라가 개설한 목장이 점차 늘어났고 그 중에서도 제주도에 설치된 목장은 각별히 큰 영향을 받았습니다. 제주도는 지금도 목축업이 발달해 있을 뿐만 아니라 제주도의 말(馬)에 '제주말'이라는 이름을 붙이고 있습니다.

제주말이 다른 한국말에 비해 몸집이 큰 것을 보면 몽고말에 의해서 개량되었다는 것을 잘 알 수 있습니다.

제주말

조선의 말

조선왕조의 태조 이성계는 목축이 번성했던 함경남도 출신이었습니다. 자신도 젊은 시절에 목축에 종사한 적이 있었기 때문에 나라를 통일한 후에 원나라가 두고 간 목장을 계속 확장하고 경영했다고 합니다. 그 결과 말은 조선시대 초기에 공전절후空前絶後의 추세로 증가했습니다. 그 시기에 얼마나 많은 목장이 있었고 그것이 어떻게 경영되었는가는 동국여지승람과 조선시대 초기의 세종실록지리지 기록을 보면 잘 알 수 있습니다.

이러한 책에 따르면 고려시대 말부터 목장이 점점 늘어나 세종대왕 시기에는 절정에 달했다는 것을 알 수 있습니다. 어떤 학자가 조사한 것을 보면 그 당시 중국이나 만주 지방에 수출된 말이 20만 두 이상이나 되었다고 합니다.

한국말이 가장 번성했던 시기는 세종대왕 시기라고 할 수 있습니다. 그러나 그 후 양반들이 부패하기 시작했고 나라는 난세에 빠지게 되었습니다. 정치가 혼란한 틈을 타 북쪽에서는 명나라가, 남쪽에서는 일본의 도요토미 히데요시豊臣秀吉가 침입하여 임진왜란(1592~1598)이 일어났습니다.

이 전쟁에 일본이 패배했고 그 후 한국은 명나라의 지배를 받게 되었습니다. 그리하여 말이 이러니저러니 하는 소리도 못하게 되었습니다.

말을 많이 사육했다가는 "한국이 군사력을 구축하고 있다"고 명나라로부터 의심받을 수 있었기 때문입니다. 그래서 조선왕조는 스스로 말을 홀대하고 말과의 인연을 끊으려고 애썼다고 합니다.

이렇게 되고보니 목장은 문을 닫았고 기르던 말도 죽었으며 도축당하기도 하고 잡아먹히기도 하여 어느새 그 흔적마저 없어져버렸습니다. 단순히 목장을 방치하여 황무지가 되었다는 것이 아니라 대부분의 말이 사라지는 운명에 처해졌습니다. 이렇듯 한국말은 조선시대 초기까지는 무기로서의 역할을 다해왔지만 조선 중기 이후부터 백성과는 전혀 관계 없는 가축이 되고 말았습니다. 이상의 이야기로 한국말이 그동안 어떤 길을 걸어왔는지 대략 이해해 주셨으면 합니다. 그럼 이제부터 본격적으로 한우에 관한 이야기를 시작하겠습니다.

4

한우는 한국인의 벗이다

한우는 사람들의 벗이 되어 언제나 사람들과 같이 살면서 부지런히 일해 온 사랑스럽고도 고마운 가축입니다. 한우가 소유하고 있는 소질이란 도대체 무엇일까요?

한우에 관한 이야기를 하기 전에 "소는 어떻게 사람들의 친구가 될 수 있었을까요?"

간단히 정리해 보겠습니다.

소는 태어난 순간부터 발걸음이 더디고 동작이 느린 동물입니다. 그러므로 한 곳에 정주해서 살아갈 수 있는 가축이지요. 사람들이 농사를 짓게 되면서 일정한 자리에 거주하게 된 시기부터 사람에게 아주 편리하고 다루기 쉬운 가축이었습니다.

어느 시대나 할 것 없이 전쟁이란 언제나 지배자들이 일으켜 왔습니다. 국민은 아무 관계도 없는데 말이죠. 전쟁에서 무기의 역할을 해 온 것은 말이고, 소는 언제나 농사에 없어서는 안 될 믿음직한 가축이었습니다.

이처럼 한국에서만 아니라 다른 나라에서도 말은 전쟁의 무기로, 소는 농사를 담당하는 서로 다른 용도를 수행해 왔습니다.

이제 여러분이 가진 의문 하나가 해결된 셈입니다.

자! 다음은 한국 역사를 더듬어가면서 한우가 어떻게 우리의 진정한 벗이 되었고 친구로 자리매김해왔는지 알아봅시다.

한우가 걸어온 길

한국말이 가축으로 사육되기 시작한 시기는 북부지방과 남부지방 간에 큰 차이가 있습니다. 그러나 한우의 경우는 남과 북이 같은 시기에 사육하기 시작했다고 볼 수 있습니다.

그렇다고 해서 소 사육이 말보다 훨씬 앞섰던 것도 아닙니다. 좀 더 자세히 이야기 하자면 남부지방에서는 대체로 말과 소의 사육은 같은 시기였습니다. 그러나 북부에서는 말이 소보다 훨씬 전부터 사육되었습니다.

그 원인은 다음과 같습니다.

① 남부지방에 비하면 북부지방은 평야가 없고 산이 많아 농사짓기에 힘든 곳이었습니다.

② 북부에 살던 고구려인은 원래 북방에 있었던 목축 민족의 핏줄을 이어받았습니다. 그들은 목축을 하면서 산과 들에서 짐승을 잡아먹고 살았습니다.

물론 사람들은 농사에 소를 사용하기 이전부터 가축으로서 널리 사육하고 있었습니다. 소는 사람들의 귀중한 식량이 되었고, 달구지를 끌고 쟁기로 논밭을 갈게 됨으로써 사람들과 더욱 밀접한 관계를 맺어갔습니다. 그리하여 소중한 가축이 되었습니다.

한우도 이러한 길을 걸어왔습니다. 앞에서 말했듯이 달구지로 농기구를 운반했을 뿐만 아니라 수확물을 운반하기도 했을 것입니다.

점차 큰 권력을 얻게 된 지배자들이 첫 번째로 한 것은 적을 막아내기 위한 성을 구축하는 것이었고, 두 번째는 농업을 발달시키기 위한 치수공사, 제방이나 저수지를 꾸리는 것이었습니다. 세 번째는 자기들이 사는 호화로운 주택을 건설하는 것이었습니다.

이러한 공사에 사용되는 돌이나 목재, 혹은 흙을 운반하는 일은 소가 담당했습니다. 그러나 소가 달구지를 끌게 된 것은 단순히 토목공사의 발달에만 원인이 있었던 것은 아닙니다. 사람들이 사용하는 농기구는 목재나 돌로 만든 시대에서 청동기, 철기로 발전함에 따라 농산물 수확이 엄청나게 늘었습니다. 그 수확물을 운반해야 하는 상황에서 소가 달구지를 끌기 시작한 것이 근본적인 이유입니다.

그 다음에 쟁기가 발명되었고 소가 쟁기를 이용해 논밭을 갈게 된 결과 농업은 몰라보게 발달하였습니다. 그리하여 사람들은 농업을 가장 중요한 것으로 여기게 되었고 정주하여 농사를 짓고 살아가게 되면서 소는 자못 큰 역할을 하게 되었습니다.

한국에서 처음으로 달구지와 쟁기를 사용하게 된 것은 어느 시기였을까요? 달구지는 서기 378년이고 쟁기는 서기 502년이라고 전해지고 있습니다.

한국의 농업과 소

한국인이 처음으로 밭을 갈고 농사를 시작할 때까지

밭가는 소와 농부

는 오랜 세월이 걸렸습니다. 그런데 농사는 언제부터 시작했을까? 이 문제는 아직까지 해명하지 못했습니다.

어떤 학자는 "한국에서 밭을 가는 방법(농경법)과 일본의 그것을 비교해 보면, 한국에서는 산중턱에 있는 땅을 경작할 때 가로로 갈아 두렁을 두지만 일본에서는 상하, 즉 세로로 두렁을 놓고 갈아나가는 게 일반적입니다. 그러면 어째서 이렇게 정반대의 차이가 생겼을까? 한국의 농업은 그 옛날부터 소를 끌고 경작하는 것을 기반으로 발달해 왔지만 일본은 그저 가래나 괭이로 밭을 가는 것이 그 출발점이었기 때문이다"라고 합니다.

　여러분 중에 지금까지 두렁을 어떻게 갈고 있는가? 호기심을 갖고 살펴본 사람이 얼마나 있을까요? 대부분은 관심이 없었을 것으로 생각합니다. 위 학자의 주장에 따르면 한국에서 쟁기를 사용한 것은 아주 먼 옛날이라고 추정하고 있습니다. 가래나 괭이로 농사를 지어온 기간은 매우 짧고 농사가 시작되자마자 소가 밭을 경작한 것이 틀림없다고 주장하고 있습니다.

한우와 귀족, 호족들

　귀족과 호족의 첫 번째 관심은 농업이었습니다. 그렇

다고 해서 직접 농사에 종사한 것은 아닙니다. 그들은 농업경영에 필요한 토지와 농기구를 구비하고 노예에게 농사를 짓게 하여 그 수확물을 독차지했습니다.

귀족과 호족의 재산은 농업수확량에 따라 결정되었습니다. 그들은 농작지와 농기구 또는 노예와 소를 더 많이 차지하려고 욕심을 냈습니다. 그 증거는 많은 고분에서 다양한 농기구가 발굴된 사실에서 잘 알 수 있습니다.

예컨대 삼국시대의 고분에서 가래나 갈고리 그리고 창 끝 같은 농기구가 많은 보물과 함께 발굴되었습니다. 이런 무덤은 죽은 사람의 지위나 권력에 따라 생전에 귀중하게 여긴 물품, 그리고 권세나 지위를 상징하는 장식품을 시체와 같이 매장했습니다. 이런 무덤 속에서 놀랄만한 공예품이나 보물이 나오는 것은 당연한 일입니다.

백제고분과 경주의 신라고분에서 녹이 낀 다양한 농기구가 발굴된 것을 보고 잘 모르는 사람들은 "도대체 이게 무엇인가?" 이상하게 생각했다고 합니다. 그 옛날 이런 농기구들은 매장된 사람들에게는 아주 중요한 재산이었다는 것을 잘 알 수 있습니다.

한국에서는 삼국시대에 이미 소를 농사에 이용하고 있

었습니다. 이렇게 농업에 소가 이용된 이후에는 그 역할이 너무도 컸기 때문에 소는 귀중한 재산이 되고 보물이 된 것입니다.

소의 역할과 역사

역사기록에 말이 엄청나게 많이 증산되고 전쟁에서 활약하여 나라의 국세가 제고提高되었다는 기록이 있다고 합시다. 여러분은 그 나라가 강국이 된 것은 결국 말이 증산되어 크게 활약했기 때문이라고 생각할 것입니

옛 농기구

다. 그러나 좀 더 깊이 생각해보면 더 많은 사실을 알게 됩니다.

말을 크게 증산하기 위해서는 말을 기르고 돌보는 사람이 많아야 합니다. 말이 증산되어도 그에 사용되는 도구가 없으면 아무 의미가 없습니다. 그러자면 마구를 만드는 사람들도 늘어나야겠지요.

이렇듯 말을 늘리기 위해서는 말과 관계된 사람이 많아져야 하고 이 사람들에게 식량이나 의복과 일용품을 공급하는 사람도 늘어나야 합니다. 바꾸어 말한다면 산업 전체가 번성되어야 한다는 것을 알게 됩니다.

역사기록에서 "말이 늘었다"고 하는 다섯 글자의 기록을 보고서 그 시대의 산업 전체가 크게 발달하였다고 짐작하는 것이 역사를 올바르게 인식하는 방법입니다.

고려의 한우

고려시대가 되면 지배자들은 중앙이나 지방관청에서 특별한 관리직을 독차지합니다. 그리고 농사는 농민에게 떠맡기고 수확물의 대부분을 조세로 받아내는 제도를 만들었습니다. 동시에 소는 농민에게 없어서는 안 되는 귀중한 가축이 되었습니다.

　한국이 이런 시대에 들어선 시기는 신라가 국가로서의 기구를 갖추기 시작할 무렵이라고 생각합니다. 고려시대는 다양한 방법으로 농민을 쉴 새 없이 일하게 하고 더 많은 조세를 받아내려고 온갖 방법을 다 동원했습니다.

　그런 사실 중의 하나가 "적전籍田의 예禮"라고 해서 국왕이 몸소 밭에 나가 소를 몰고 논밭을 갈아 백성들에게 본보기를 보였습니다.

　그리고 농업을 전문으로 담당하는 "사농향司農鄕"이라는 관청을 설치했습니다.

　옛날에는 마소를 잡아 죽인 자는 노예가 되었지만 이 시기부터는 외딴 산골이나 절해고도로 추방시켰다고 합니다.

　또 소가 없는 농민에게 국가가 나서서 소를 빌려주는 제도가 있었다는 기록이 있습니다. 농민에게 소를 빌려준 사실은 특별히 중요한 의미가 있습니다. 기록에는 다만 "국가소유의 소를 빌려주었다"고 기록되고 있지만, 이것은 그 외의 지배자들도 각자 개인 소유의 소를 농민에게 빌려주었다는 것을 의미합니다.

이렇게 되자 값이 뛰어올라 농민들은 쉽사리 소를 구입할 수 없었고 점점 소를 증산할 수 없게 되었습니다.

그러나 한우는 이 시기부터 오늘까지 농민의 사랑을 받으면서 오랜 세월 동안 그 소질을 키워 드디어 오늘날과 같은 우수한 소가 되었습니다.

원나라의 침입과 한우

그러나 한우는 그 후에 일어난 많은 사변을 겪으면서 결코 영향을 받지 않고 살아 온 것은 아니었습니다.

예컨대 고려말기 원나라의 침입에 의해 한우는 적지 않은 피해를 입었습니다. 원나라 침략군은 주로 황해도 지방에 주둔하여 농사를 지으며 통치영역을 넓혀갔습니다. 그들은 많은 소를 강제로 징발했기 때문에 사람들은 힘들어했습니다.

원나라는 점차 한우가 농경용으로 대단한 소질을 가지고 있다는 것을 알게 되었습니다. 결국 원나라에 많은 한우를 보내야 했습니다.

그 시기에 한우가 직면한 더 큰 재난은 몽고에서 들어온 가축들 사이에 대륙의 전염병이 전파된 사실입니다.

그 주된 병은 우역牛疫, 탄달炭疽, 기종달氣腫疽입니다. 특히 우역은 약 30여 년간 지속되어 한우에게 큰 타격을 입혔습니다. 다행히 일제강점기에 부산의 수역혈청제조소 소장을 하던 모치즈키라는 사람이 이 병에 효력이 있는 혈청을 발명했기 때문에 지금은 그 흔적을 찾아볼 수 없습니다. 그러나 탄달이나 기중달은 병균이 땅 속에 숨어버리면 그것을 없애는 것이 매우 힘듭니다. 지금도 이 병으로 죽어가는 소가 많다고 합니다. 말하자면 소도 말과 같이 한국에서 일어난 국난과 사변에 영향을 받았고 고생도 많았습니다.

조선의 한우

한우는 말에 비해 표면적으로는 화려한 이야기도 없고 또 세상 사정에 따라 급속히 감소되는 일도 없이 지내왔다고 할 수 있습니다.

조선시대의 양반들이 나랏 일에 무능한 시기에도 그런 정치적인 사정과는 상관없이 시대의 흐름과 더불어 나날이 발전해왔고 중요성과 귀중함을 인정받으면서 오늘에 이르렀다고 할 수 있습니다.

이렇게 한우와 농민들 사이에는 끊을래야 끊을 수 없는 밀접한 관계가 있었고 농가의 당당한 일원이 되어 농민과 고락을 같이 해왔습니다.

이런 시를 읽은 적이 있습니다.

'새벽에 부모님이 주무시는 구들방 아궁이에 장작을

모자리하는 한우

지펴드린 후, 부엌에서 쇠죽을 쑤면서 잠시 달콤한 잠을 잡니다. 이런 행복이 또 어디에 있겠습니까!'

이런 의미의 시 한 편입니다. 아쉽게도 이 시를 읊은 시인이 누구인지, 또 정확한 시구절도 잘 기억하지 못합니다. 그리고 알아볼 방도도 없습니다. 혹시 여러분의 아버지와 어머니, 아니면 어른들이나 선배 중에 이 시를 정확히 아는 분이 계시다면 반드시 알려주세요. 부탁드립니다.

그 외에도 이런 사실이 있습니다.

지금도 한국에서는 논밭의 면적을 가늠할 때, 하루갈이나 이틀갈이라고 합니다. 소가 하루에 경작하는 논밭의 면적을 단위로 재는 측량법이 사용되고 있습니다. 이런 측량법은 고려 말기부터 조선시대 초, 말하자면 소가 농사일에 큰 역할을 하기 시작한 시기부터 사용되었습니다.

하루갈이란 대체로 1,000평 정도에 해당하는 면적입니다. 이렇게 하여 한우는 한국인의 벗이 되고 친구가 되었습니다. 그 후 농민들의 지극한 사랑을 받으면서 오늘날 "세계의 보물"로 성장했습니다.

5

한우는 왜 우수한가

한우의 우수성

"한우는 옛날부터 사람들의 벗으로 농민들의 따뜻한 사랑을 받고 훌륭한 역우가 되었다"라고 얘기해왔습니다.

그러나 어떤 점이 그토록 훌륭한가에 대해서는 아직껏 정확한 설명을 하지 않았습니다. 다만 "한우는 많은 종류의 소 중에서도 사람의 말을 잘 듣고 온순하고 부지런하며 질 낮은 사료를 먹고서도 견뎌내는 소"라고만 이야기했을 따름입니다.

아마 여러분은 질문하겠지요.

"그렇지만 한우는 몸집이 작고 볼품이 없어요. 홀슈타인종과 같은 젖소에 비하면 왠지 모르게 세련되지 않은데요"라고.

이런 의문이 생기는 것은 당연한 일입니다. 나는 지금까지 한우는 훌륭한 소질을 가진 소라고는 했는데 한우가 가지고 있는 결함, 또는 앞으로 더 개량해 가야 할 부분이 없는 소라고는 하지 않았습니다.

좀 더 자세히 이야기 한다면 "세계의 보물"인 한우도 여러 결함을 가지고 있다는 것입니다. 그럼에도 불구하고 한우를 세계의 보물이라고 하는 것은 한우가 가지고 있는 그 모든 소질 하나하나가 사람들의 생활에 많고도 큰 도움을 주고 있기 때문입니다.

그러나 이런 추상적인 이야기만으로는 이해하기 힘들 것입니다. 그러기에 나는 이제부터 한우가 가지고 있는 훌륭한 소질에 대해서, 그리고 그것이 어떤 종류의 소질이고 어떻게 육성되어 왔는가에 대해 자세히 이야기하겠습니다. 그리고 한우가 가지고 있는 결함에 대해서도 이야기 하겠습니다.

첫 번째로 "말 잘 듣고 온순하고 농사일에 열심이다"라는 점에 대해 말씀드리겠습니다.

일 잘하는 한우

우리와 같이 축산 부문을 전문으로 하는 사람들은 소가 가지고 있는 용도에 따라 젖소와 육우, 그리고 주로 농사일에 종사하는 역우. 이렇게 세 종류로 나눈다는 것을 토대로 이야기를 들어 주시기 바랍니다. 그리고 한우는 이 세 번째의 노동을 잘하는 소에 속하고 역우 중에서는 제일 훌륭한 소질을 가진 소라는 것입니다.

한우는 우유를 생산하는 소, 고기를 먹기 위한 소가 아니기 때문에 그런 점에서, 젖소인 홀슈타인종이나 육우인 헤리퍼드종이 쟁기나 달구지를 끌고 일한다면 그것들은 한우를 따라잡지 못합니다. 뿐만 아니라 일본의 소나 남양의 소, 그리고 물소와 비교해도 한우는 으뜸가는 소입니다.

품종	대표적 품종	특징
역우	한우	물건을 운반하거나 농경에 사용
육우	와규(일본 소) 등	쇠고기를 얻기 위한 소
젖소	홀슈타인종 등	우유를 얻기 위해 개량된 암소

또 하나 실례를 들어보겠습니다. 일본 농민들이 한번 한우를 이용해보면 일본소보다 월등하게 다루기 쉬워 한우에 반해 버린다고 합니다. 그래서 일본소를 버리고 한우를 기르는 사람이 점점 늘어났다고 합니다. 이것은

전적으로 오랜 세월 동안 한국 사람들이 한우를 훌륭한 소질을 가진 가축으로 길러온 결과라고 하겠습니다.

한국과 일본의 소사용의 차이점

한국과 일본에서는 소를 다룰 때도 그 방법이 전혀 다릅니다. 소가 달구지를 끌 때 한국에서는 사람들이 소 뒤를 따라 가지만 일본에서는 소 앞에서 당기며 갑니다.

논밭을 갈 때에도 한국에서는 "가", "서", "좌", "우"라고 지시하면서 소를 몹니다. 그러나 일본에서는 그때마다 고삐를 당기면서 때리거나 큰소리로 호통을 칩니다.

이런 다루는 법에 따라 한우는 순종하고 분별 있는 소가 되었고 일본소는 그에 비해 열등하다는 결과를 가져왔습니다.

한국인은 소를 진심으로 이해하고 그의 자주성을 살려주면서 자유롭게 일하도록 유도합니다. 반면에 일본인은 성미가 급하고 소가 말을 잘 듣지 않으면 때리고 호통치면서 억지로 복종시키려고 해 왔습니다.

내가 이런 말을 하면 "좀 지나치지 않습니까?"라고 할 사람이 있을 수도 있겠지요,

그러나 더 주의깊게 살펴보세요. 한우는 고삐를 쇠코
뚜레 바로 밑에 다는 것이 아니라 코 위를 향해서 당기기
편리하게 달고 있습니다. 고삐를 다는 방법부터 사람들
이 소 뒤를 따라가기 편리하게 다는 반면에 일본에서는
반대로 사람들이 소를 끌고 가는 것입니다. 이 차이는
전적으로 소의 자주성을 인정해주는지 아닌지에 따라서

논을 갈고 있는 한우

결정된 것이 아닐까요.

한우가 낳은 송아지도 일본에서 길러보면 어떻게 될까요? 다들 성격이 난폭해진다고 합니다. 이는 소를 다루는 방법이 다르기 때문에 초래된 결과입니다. 이러한 차이점은 민족적 특성의 차이라고 할 수 있고 잘 생각해보면 한국민족은 태어날 때부터 소를 잘 다루는 명수라고 할 수도 있습니다.

다음으로 한국인은 토지의 성질에 따라 어떤 형태의 쟁기가 사용하기 좋고 소에게도 부담이 없는지에 대해 자세히 알아보고 연구해 왔습니다.

어떤 학자가 조사한 것을 보니, 한국에서는 200종류 이상의 쟁기가 있었다고 합니다. 이 많은 쟁기의 생김새를 자세히 연구해 보면 모래토양의 지대에서는 긴 것이 많고, 서남지방의 점토질 토양에서 사용하던 쟁기는 폭이 넓고 크고 무거운 것이 많다는 것입니다. 이 사실 하나만 보아도 한국인이 얼마나 쟁기에 대한 관심이 크고 쟁기를 당기는 소에 대한 애정이 깊었는지 잘 알 수 있습니다.

이렇게 한우를 기르는 명수들이 오랜 세월, 지혜와 열

성을 다하여 가장 좋은 방법으로 키워낸 소가 바로 한우입니다.

질 낮은 사료를 먹고서도 일 잘 하는 한우

다음은 질 낮은 사료를 먹고서도 잘 견디며 부지런히 일하는 역우에 대해 이야기하겠습니다.

우선 한국의 소들은 어떤 사료를 먹고 있는가. 물론 한국에서도 지방마다 소가 먹는 사료에 차이가 있는 것도 사실입니다.

우선 논이 많은 지역과 밭이 많은 지역으로 나누어 소가 먹는 사료에 어떤 차이가 있는지 알아보아야 합니다. 먼저 논이 많은 지역에서는 일본의 수전水田지대와는 달리 한없이 논만 펼쳐진 넓은 평야가 많습니다.

일본의 수전지대는 아무리 논이 많다고 해도 그 가운데 밭도 있습니다. 그런데 한국의 옥구평야, 연백평야 같은 지역은 끝없이 수전이 펼쳐져 있고 밭은 볼 수 없습니다. 농가도 수전 한 복판에 드문드문 서 있을 뿐입니다. 이런 농가에서는 벼농사만 합니다.

그러기에 이런 곳에서 자라나는 소는 벼농사에 관계되

는 볏짚, 부스러기뉘, 쌀겨 같은 것 이외에 먹을 것이 없습니다.

이런 지방에 사는 소의 먹이는 여름에는 논두렁길의 풀, 그리고 겨울에는 볏짚이 다였습니다. 봄철에 논을 갈 시기가 되어 특별한 대우를 받는다 해도 고작해야 하루에 한 주먹 정도의 콩알을 받아먹을 뿐입니다.

이에 비해 밭이 많은 지역에서는 재배되는 농작물도 종류가 많아 먹는 사료도 다양합니다. 한국의 밭농사에서 흔히 보는 재배방법은 '2년 3작'입니다. 그러나 이 경우에도 농작물의 종류는 결코 많지 않고 기껏해야 서너 종류에 지나지 않습니다.

그럼 이 '2년 3작'이란 어떤 방법일까요?

한 농가가 경작하는 밭을 크게 두 판으로 나누어 우선 그 한복판에 봄에는 조를, 그리고 가을에는 그 조를 거두어들인 후 보리를 뿌립니다. 그리고 남은 한쪽 판에 지난해 초여름에 뿌려놓은 보리를 수확한 후, 콩을 재배합니다. 이렇게 번갈아가면서 농사짓는 방법, 즉 윤작을 '2년 3작'이라고 합니다.

한국과 같이 추운 겨울을 지내야 하는 나라에서는 겨

울에 밭을 비우게 되니 한 해에 한 종류의 농작물 밖에 재배할 수 없습니다. 그러나 이 방법은 2년에 거쳐 3종류의 농작물을 재배할 수 있기 때문에 그만큼 밭을 효과적으로 이용할 수 있는 것이지요.

한국에서 이런 재배방법이 시작된 것은 고려시대부터라고 합니다. 한국에서는 밭농사에서 재배되는 농작물의 종류가 많다고 하지만 주로 조, 보리, 콩, 그 외에 몇 종류 더 있을 뿐입니다. 그러기에 이런 지방의 한우들은 여름에는 주로 길가나 산야의 풀을 뜯어먹고 겨울에는 조 찌끄러기와 콩깍지를 섞어서 쑨 죽을 먹습니다.

농가의 빈곤과 한우

농민 대다수가 소작인이고 거두어들인 농작물의 대부분을 지주에게 바쳐야 했던 한국의 농민들은 먹고 살기에 바빴습니다. 그래서 간혹 소가 받아먹는 사료에 여유가 있었다고 하더라도 그보다 먼저 자신들 입에 풀칠을 해야 할 지경이었습니다.

이런 말을 하면 여러분은 "사람을 깔봐도 분수가 있지! 아무리 가난해도 그 얘기는 너무하지 않나요."라고 하면서 믿지 않겠지요.

그러나 이 이야기는 사실입니다. 그 증거로 한국에서는 "춘궁민春窮民"이란 말이 있지 않습니까!

"춘궁민"이란 가을에 수확한 곡식을 지주에게 소작료나 그 외에 빌려 쓴 돈의 이자로 지불하면 손에 남는 것이 거의 없는 가난한 농민들을 말합니다. 그들은 봄이 오면 먹을 것이 없어서 나무 싹이나 풀을 뜯어먹고 살았습니다.

한국에서는 이런 농민이 엄청나게 많았습니다. 그것은 전적으로 조선시대 지배자들의 가혹한 착취와 조선이 멸망한 후 일본제국주의자와 새로 나온 지주들이 결탁하여 소작민들에게 지독하게 소작료를 받아냈기 때문입니다. 농민들이 이런 지경이니 어찌 소가 풍족하게 사료를 받아먹을 수 있었겠습니까!

한우가 아닌 다른 소 같았으면 일하기는커녕 목숨을 이어가기도 힘들 것 같은 보잘 것 없는 사료였습니다. 한우가 그런 사료를 먹고서도 견뎌온 것은 사실이지만 그것을 참아내지 못한 약한 소는 픽픽 쓰러져갔습니다. 다만 몸이 튼튼하고 질 낮은 사료를 먹고서도 이겨내는 소들만이 살아남은 것입니다.

그렇다면 오늘날의 한우는 좋은 소질만 골라낸 가장 생활력이 있는 든든하고 힘센 소, 이를테면 이런 우수한 소의 혈통을 계승한 자손이라고 할 수 있습니다. 이는 온갖 고충을 이겨내고 살아남은 소들만이 획득할 수 있는 훌륭한 소질이고 자격인 것입니다. 동시에 한우가 이러한 소질을 갖게 된 과정에는 큰 희생이 동반되었다는 것을 잊어서는 안 됩니다. 우리 모두 이런 사실을 똑똑히 알아야 한다고 생각합니다.

한국의 풍토와 소

지금까지 이야기해 온 한우의 소질은 그 대부분이 사람들이 꾸준하게 정성을 다한 노력의 결실이라 한다면, 다음으로 한국의 기후와 풍토가 작용함으로써 한우가 훌륭한 소질을 키울 수 있었다는 사실에 대해 이야기하겠습니다.

한우의 발톱은 남달리 여물고 치밀한 성질을 가지고 있습니다. 그러기에 사지가 아주 강합니다. 이는 역우가 가지는 중요한 요소라고 할 수 있습니다. 또한 이 사실은 일본 농가가 한우를 환영하는 중요한 이유이기도 합니다. 동시에 일본에서 태어나 일본에서 자라난 한우는 희한하게도 발톱이 연하고 무디기 때문에 한국에서 태어나고 자란 한우와는 비교도 할 수 없습니다. 이런 사실에서 한국의 기후와 풍토가 한우에게 아주 적합한 것임을 알 수 있습니다. 뿐만 아니라 비록 질 낮은 사료이기는 하나 사료 속의 여러 요소가 작용하고 있는 것이 아닐까 생각할 수도 있습니다. 그러나 이에 대해서는 아직껏 적절한 해명은 없습니다. 아무튼 한국의 토질 그 자체가 한우 육성에 알맞다는 것입니다.

이상으로 아주 간단하지만 한우가 지닌 훌륭한 소질에 대한 이야기는 마치겠습니다. 끝으로 거듭 강조하고 싶은 것은 한우의 이런 소질은 먼 옛날부터 핏줄이 굳건히 이어져왔기 때문입니다. 만약 여러 종류의 핏줄이 섞였더라면 그 훌륭한 소질이 이렇게도 확실하게 전해지지는 못했을 것입니다.

이렇게 생각하면 한우를 다른 종류의 소와 교배시키는 일을 방지하고 단 하나의 혈통을 보존해 온 선조들의 노력에 깊은 감사를 드려야 할 것입니다.

선조들에게 감사드림과 동시에 앞으로 이 뛰어난 소질을 더 과학적이고 합리적인 것으로 빛내가는 것이 한국의 차세대인 여러분들에게 부과된 중요한 과제라고 생각합니다.

한우에게도 결함은 있다

한우를 더 훌륭한 가축으로 육성하기 위해서는 한우가 지닌 결함에 대해서도 정확한 지식을 갖추는 것이 중요합니다. 이제부터는 한우가 가지고 있는 결함에 대해 간단히 이야기하겠습니다.

한우의 고기 맛은 그다지 높이 평가할 수 없습니다. 한우의 고기는 다른 육우에 비교하면 질기고 쇠고기 고유의 향기가 부족합니다. 순수한 쇠고기용의 소는 체중 속에서 50~60%의 지육枝肉을 뽑아낼 수 있습니다.

육우는 보통 50~55%의 지육을 얻어낼 수 있는데 한우는 40~50%밖에 얻을 수 없습니다. 앞으로 이 문제를 극복할 수 있다면 한우의 명성은 더욱 높아질 것입니다. 더 맛있는 쇠고기를 얻을 수 있고 지육 비율도 틀림없이 높아질 것입니다.

유명한 평양쇠고기는 대동강 강변의 풍부한 사료를 먹

한우 목장

고 자란 한우로 다른 지방의 한우에 비해 고기가 대단히 맛있다고 합니다.

고려시대의 양반들은 오로지 고기가 연한 송아지만 먹었기 때문에 고기의 질을 높이는 일에는 신경을 쓰지 않았고 관심을 둘 필요도 없었습니다. 이와 같이 쇠고기의 질을 높이기 위한 연구는 오늘날까지 이루어지지 않았습니다. 이것은 앞으로 풀어가야 할 새로운 과제입니다.

다음으로 일하는 소, 바로 역우의 몸집은 어떠며 육우의 몸집 또한 어떤지 살펴보겠습니다. 언제나 무거운 짐을 싣고 다녀야 하는 역우는 몸 앞부분이 크게 발달하고 뒤 부분은 발달되지 않고 오그라지기 마련입니다. 머리나 목, 그리고 앞발에 힘이 들어가는 역우는 머리로부터 가슴에 이르는 부분이 특별히 발달하고 뒤 부분은 오그라지고 맙니다.

이런 상태에서는 많은 고기를 얻어낼 수 없습니다. 많은 고기를 얻으려면 체형이 균등하게 발달되어야 합니다. 소를 위에서나 옆에서 보더라도 4각형 모양의 체형이 되어야 합니다. 한우를 이런 4각형 모양으로 키우기 위해서는 어떻게 해야겠습니까? 그것은 많은 한우 속에서 4각형의 모양을 가진 소를 골라내어 서로 교배시켜 손자, 증손자로 대를 이어나가면서 길러 내야합니다.

동시에 모든 한우들이 담당하고 있는 노동량을 대폭 덜어주어야 합니다. 이러한 노력과 함께 오랜 세월을 거쳐 한우의 몸집과 체형을 개량함으로써 한우를 더 맛있는 육우로 육성해 나가야 할 것입니다.

한우는 서서히 성장하는 품종

한우가 지닌 두 번째 결함은 성장 속도가 느리다는 것입니다. 한우가 성장하여 훌륭한 어미소나 아비소가 될 때까지는 만 3년이 걸립니다. 그러나 한우를 일본에서 기른다면 만 2년이면 충분합니다. 한국에서는 발육이 만 1년 더디다는 것을 알 수 있습니다. 이렇게 한국의 농민들은 헛된 시일을 보내고 있으니 큰 손해를 보고 있는 셈입니다. 일 년을 앞당길 수 있다면 농민들은 그만큼 빨리 농사를 지을 수 있고 이익을 낼 수 있는 것입니다.

그런데 더 자세히 연구해보면 한우가 만숙晚熟이라는 것은 한우만이 가지고 있는 소질이 아니라는 것입니다.

그 증거로 한우도 일본에서 만 2년만 키우면 훌륭한 역우로 성장하니 말입니다.

지금까지 한우의 발육이 더디다는 것을 한우의 소질 자체가 만숙이라는데 원인이 있다고 생각해 왔습니다. 과연 이 말이 옳은 것일까요? 아마 여러분들은 바로 일본의 기후는 온난하고 한국은 춥다는 기후 차이에 있다고 생각할 것입니다. 그러나 더 중요한 원인은 다른 게 아니라 소의 사료가 너무 질이 낮아 영양부족에 시달리고 있다는 것입니다.

이렇게 알아보니 이 두 번째의 결함은 한우가 가지고 있는 결함이라기보다도 사람들의 소 사육방법에서 나온 결함이라고 해야 할 것 같습니다.

농사경영 규모와 소 몸집의 크기

한우에게는 아무 책임이 없는 문제가 하나 더 있습니다. 한우는 몸집이 크지 않고 약해 보이는 것이 사실입니다. 그러나 몸이 작다는 문제도 책임은 한우에게 있는 것이 아닙니다. 한우도 더 튼튼하고 큰 몸집이 되기를 원했을 것인데 기르는 사람들이 작은 소를 원했기 때문에 점점 몸집이 작아졌다는 것입니다. 그 증거는 여러분이 늘 보는 키 작은 한우에 비해 놀랄 만큼 몸집이 큰 한우도 많이 있다는 것입니다.

한국에서 남쪽지방에 사는 한우는 몸이 훨씬 큽니다. 같은 한우가 남쪽에서는 크고 북쪽에서는 왜 작을까요? 매호당 농민이 경작하는 토지의 면적, 정확히 말한다면 농가의 경영규모가 다르기 때문입니다. 소에게 부과된 노동량에 큰 차이가 있기 때문입니다. 기후가 따뜻하고 인구밀도가 높은 남쪽지방에서는 매호당 경작면적은 평균 1정보(1만 평방km) 미만인데 북쪽지방에서는 그 2배가 됩니다. 경영 면적이 넓은 지역의 농민은 몸이 크고 힘센 소를 선호하지만 좁은 면적의 지방 사람들은 작은 소를 선택합니다. 이런 경향이 지속된 결과 드디어 남과 북에서 이렇듯 몸집 차이가 생긴 것입니다. 일본에 와 있는 한우의 경우 그 경작 면적은 더 작기 때문에 작은 한우를 더 많이 끌고 왔습니다.

여러분은 이제야 한우가 가지고 있는 결함은 소를 기르는 사람들의 의향에 따라 변화된 것이지 결코 소 자체가 가지고 있는 본래의 소질이 아니란 것을 아셨을 것입니다.

한우와 우유

이제부터는 우유에 대해서 이야기하겠습니다.

한국 사람이 쇠고기를 먹는 습관은 먼 옛날부터 있었
지만 우유를 먹는 습관은 없었던 것 같습니다. 한국에
서 소를 수입하여 그 사육법을 배운 일본에서는 헤이안
平安시대(734~1185)에 '우유원牛乳院'이라는 관청을 두고
귀족들이 우유를 보약삼아 먹었다는 기록이 남아 있습
니다. 그러기에 한국에서도 그 옛날에 우유를 먹는 일이
더러 있었다고 짐작할 수 있습니다.

한국에서 우유를 먹기 시작한 것은 고려시대 말기에
원나라가 침입해 온 이후라고 역사기록에 나옵니다. 그
러나 그대로 먹은 것이 아니고 우유에 식초를 타서 먹었
다고 합니다.

오늘날의 버터나 치즈 같은 것이라고 생각합니다. 이
와 같은 기록이 있지만 일부 지배층만 먹었다고 하니 그
후에도 우유를 먹는 습관은 대중화되지 않고 세월은 흘
러갔습니다. 다만 여러 연구결과를 보면 한우 가운데서
도 하루 석 되 정도 우유를 생산해내는 소가 있었고 지방
분이 많고 맛있는 우유였다고 합니다.

그러나 많은 부분이 아직 해명되지 않아 앞으로 중요한 연구과제입니다. 주의해야 할 점은 우유를 생산해내기 위해 홀슈타인종과 같은 젖소와 교배시키는 안일한 방법은 쓰지 말아야 하며 신중해야 합니다. 이런 방법을 쓴다면 한우가 그 먼 옛날부터 지켜온 좋은 혈통이 무너져버리게 될 것이기 때문입니다.

최근에 누렁색깔의 한우에게 시꺼먼 소를 교배시킨 결과 호랑이와 같은 붉은 색과 검은색의 알록달록하게 생긴 소를 많이 볼 수 있게 되었습니다. 어째서 이런 색깔의 소가 생겼났을까 생각해 보면 조선시대 말기부터 한국에 거주하게 된 서양인이 그들이 좋아하는 우유를 얻기 위해 데려온 소와 한우를 교배시켰기 때문입니다.

동물학상의 특징으로 붉은 색과 검은 색 사이의 잡종을 만들면 검은색이 이겨 거의 다 검은 놈이 생깁니다. 한우와 홀슈타인종 간의 잡종도 이것처럼 검은 송아지가 생기기에 최근 한국에서도 검은 소가 많아졌습니다.

이상의 사실에서 알 수 있듯이 한우의 혈통에 손을 대면 곧바로 그 결과가 나타나 한우의 훌륭한 소질에 영향을 미치게 됩니다. 물론 과학적인 근거에 의거하여 신중하게 잡종을 만들어 나간다면 훌륭한 결과를 가져오게 된다는 것도 부인할 수 없습니다. 그렇지만 안일하게 어중간한 잡종을 만드는 일은 극구 피해야 합니다.

여러분들이 앞으로 더 더욱 훌륭하고 명성 높은 한우를 육성하기 위해서는 선조들의 꾸준하고 귀중한 노력을 본보기로 삼아주시길 바랍니다. 그런데 오늘날의 한우는 과연 따뜻한 사랑을 받으면서 훌륭한 방법으로 육성되고 있다고 말할 수 있을까요? 나는 솔직히 적지 않은 의문을 가지고 있고 그와 동시에 유감을 갖고 있는 부분도 많이 있습니다.

다음으로 오늘날 한국에서 한우가 놓여 있는 환경은 어떤지 이야기하겠습니다.

6

1948년, 한우의 현주소

이제 한우가 지닌 우수한 소질, 그리고 결함의 대부분은 한우가 처한 환경에 좌우되고 있었다는 것을 알 수 있었습니다. 그 중에서도 특별히 중요한 것은 한우에 대한 각별한 사랑과 너그러운 사육방법, 더군다나 한우를 대하는 사람들의 태도에 있었다는 것을 잘 알게 되었을 것입니다. 소에 대한 사람들의 태도는 큰 효력과 영향을 가져 온다는 것입니다. 그러기에 앞으로 한우를 더 훌륭하게 육성하기 위해서는 한우를 아끼고 사랑해줄뿐만 아니라 더 과학적으로 연구하여 장점은 살리고 부족한 점은 극복해 나가야겠습니다.

　한국에 한우는 얼마나 있는가?

　내가 한국에서 일본으로 돌아온 것은 태평양전쟁이 일어나기 전입니다. 그러기에 한국의 최근 사정은 잘 모른다고 해도 과언이 아닙니다. 내가 일본에 돌아온 후 고

생하면서 수집한 자료 중에 가장 새로운 것만을 이용할 수밖에 없었습니다. 대체로 1941년경의 자료이니 최근의 상황과는 적지 않은 거리가 있다고 생각합니다.

1941년경,

① 한우의 총 두수는 173만 두 정도이고 그 중에서 113만 두가 암컷, 60만 두가 수컷입니다.

② 한우를 사육하는 농가는 전 농가의 47.7%로 약 반수, 남은 반수의 농가는 소를 기르지 않은 무사무농無飼無農입니다.

③ 한우는 한국의 농업을 떠받들고 있는 원동력이었고 평균 소 한 마리가 경작하는 면적은 약 2.80정보町步가 됩니다.

④ 그러나 이 부담면적이라는 것은 다 큰 소와 송아지까지 포함한 계산입니다. 역우 한 마리를 두고서 계산한다면 그 면적은 훨씬 넓어져 대체로 6정보가 됩니다. 그리고 이것이 바로 한국의 농사를 이끌어가는 노동량을 숫자로 나타낸 계산이 됩니다.

⑤ 다음으로 한국에서는 매년 어느 정도의 소가 죽고, 태어나는 송아지는 얼마나 되는지 알아봅시다. 죽

은 소는 병이나 사고로 약 2~3만 두, 도살된 소는 약 32만 두로 합계 33~34만 두, 그리고 태어난 송 아지는 매년 37.2만 두입니다. 결국 약 3만 두 정도 의 소가 늘어나는 계산입니다.

⑥ 그런데 일본제국주의는 해마다 5~7만 두의 한우를 강제적으로 혹은 매우 헐값으로 일본으로 끌고 왔 습니다. 그러기에 한우는 증가되기는커녕 매해 줄 어들었던 것이 사실입니다.

⑦ 113만 두의 암컷이 매년 37.2만 두의 송아지를 생 산했다는 것은 아무래도 너무 적습니다. 한국에서 송아지를 낳을 수 있는 어미소의 생산율은 50% 정 도였습니다. 결국 매년 송아지를 낳는 소는 59%밖 에 없었다는 것입니다.

이상은 대략적인 이야기지만 1941년경의 한우의 현황 입니다. 현재도 이와 큰 차이가 없다고 생각합니다.

한국에서는 소가 너무 많은 것인가?

그러면 한국에서는 소가 너무 많은지 아니면 부족한지

살펴보겠습니다.

　단순히 소의 수만을 알아봤자 아무 의미가 없습니다. 가령 젖소인 경우는 생산하는 우유량이 소비량에 비해 많은지 적은지를 비교하면 소가 많고 적음을 짐작할 수 있습니다. 그리고 육우 같으면 생산되는 쇠고기의 양에 따라 결정됩니다. 그러기에 역우가 많은지 부족한지는 역우 한 마리가 어느 정도의 논밭을 경작하고 있는가, 또 그 부담량이 한국농업에 적합한지를 알아보아야 합니다.

　④에서 본 바와 같이 한우는 평균 6정보의 논밭을 경작하고 있는데 이것은 과도한 부담이라고 할 수 있습니다. 이런 계산결과라면 오늘날 한국에서는 소가 모자라며 앞으로 더 많이 생산해야 한다는 것을 잘 알 수 있습니다. 이 6정보가 얼마나 힘든 면적인가 하는 것은 앞에서 얘기한 바와 같이 한우 한 마리가 하루에 경작하는 땅이 평균 2.80정보이기에 6정보의 논밭을 경작하려면 소가 쉬지 않고 일해도 17일 가량의 시일이 필요합니다. 이것은 땅을 한번 경작하는 데 필요한 날짜에 지나지 않습니다. 그런데 모내기를 하려면 논을 두세 번 갈아야

합니다. 그 외에도 1,000평방미터당 700~800킬로그램의 거름도 갈아야 합니다. 거름의 운반도 소가 담당해야 하며 부득이한 사정으로 소가 계획대로 일할 수 없는 경우도 있다는 것을 염두해둬야 합니다.

6정보의 논을 소 한 마리가 경작하고 거름을 투입한 후 모내기를 하려면 적어도 두 달이라는 시일이 필요하다는 것을 알 수 있습니다. 자칫 잘못하면 적합한 시기에 모내기를 마칠 수 없고 따라서 수확도 계산대로 거둘 수 없습니다.

일본에 비해 겨울이 춥고 길 뿐만 아니라 봄이 늦게 찾아오는 한국에서는 극히 짧은 기간에 모든 일을 잘 끝내야 합니다.

이런 사정으로 한국의 농사에서는 사람보다 몇 배의 일을 해내는 소의 힘을 빌리는 것이 필수입니다.

내가 한국에 살고 있을 때, 이런 일이 있었습니다. 그 시기는 일제의 수탈이 더욱 노골화되어 있었던 무렵이었는데 외국은 여러 상품을 잘 팔지 않던 시기였습니다. 그 시기 일본은 보리나 밀을 미국, 캐나다, 오스트레일리아, 아르헨티나에서 수입하고 있었는데 밀이 부족해서 어려움을 겪었습니다. 그래서 뽕나무, 담배, 삼 등을 재배하던 한국의 밭에 밀을 뿌려 부족량을 충족해 보려고 애를 썼습니다. 그러나 이 계획은 상상치 못한 원인으로 실패하고 말았습니다.

일본 관료들은 밀의 증산 계획을 세울 때 한국의 농사에 소가 매우 중요하다는 것을 생각하지 못해, 밭을 넓히려면 미리 소의 수를 늘려야 한다는 것을 미처 생각하지 못했습니다. 더 자세히 이야기 한다면 여러 곡식들 가운데서도 밀은 특별히 적기에 씨를 뿌리지 않으면 안 됩니다. 가을은 짧고 겨울이 빨리 오는 한국에서 밀씨 뿌리는 기간은 10~14일간 뿐입니다. 그러기에 밀밭을 넓히기 위해서는 소의 수를 엄청나게 늘릴 필요가 있었습니다. 그럼에도 불구하고 소를 늘리지 못했기에 밀 증산 계획은 수포로 돌아가고 말았습니다.

한국에서는 앞으로 소를 얼마나 증산해야 하는가?

아마 여러분은,
"그럼 소가 어느 정도 있어야 합니까?"라고 묻겠죠.
나의 대답은 이렇습니다.

"오늘의 한국에서는 간단하게 소 증산목표를 세우는 게 아니고 전력을 다해서 될수록 많이 증산해야죠"라고.

한국에서는 아직껏 소가 부족하여 쇠고기를 먹을 수 없는 사람들이 너무나도 많습니다. 곧바로 소를 계속 증산하여 일도 시키고 남은 소는 모두가 먹도록 해야 합니다. 소수의 지배자들이나 부자들만 먹었던 쇠고기를 많은 국민들이 마음껏 풍족하게 먹을 수 있게 된다면 얼마나 좋겠습니까! 상상만 해도 가슴이 두근거리는 기쁜 이야기입니다. 부자들만을 위한 쇠고기를 얻기 위해 30만 두의 소가 도살되었다고 하니 많은 국민들이 쇠고기를 먹게 되면 매년 대단히 많은 두수가 필요할 것입니다. 이런 이유로 한국에서는 당분간 소를 아무리 많이 증산해도 문제가 되지 않을 것입니다.

사람들의 가난이 소 증산을 가로막고 있다

한국에서 소가 늘지 않는 가장 큰 원인은, 소를 기르고 송아지를 낳게 하는 당사자인 농민들이 매우 가난하게 살아왔다는 데 문제가 있습니다.

첫째로, 가난한 농민들은 소를 한 번 길러 보았으면 하는 바람은 간절하지만 소 값이 엄청나게 비싸 쉽게 구입할 수 없었습니다.

최근 사정은 잘 모르지만 사람들을 통해서 들은 이야기 가운데 1935년 당시 돈으로 200원에 살 수 있었던 소가 태평양전쟁 시기에는 1만 원이 됐다고 합니다. 일제 강점기만이 아니라 한국의 소 값은 그 옛날부터 언제나 값이 비싸서 백성들은 구입할 수 없었습니다.

농민들은 가난에 시달리는데도 불구하고 그들의 진정한 벗인 한우는 언제나 값비싼 존재였습니다. 그리고 이 모순이 한국에서 소의 수가 증가하지 못한 가장 큰 원인이었습니다.

구체적으로 그 이유를 살펴보면,

① 농민들이 가난했기 때문에 사료로 찌꺼기밖에 주지 못했다는 것입니다. 이런 영양분 없는 사료를 먹고서는 일하기도 벅차 새끼를 낳기도 힘들었습니다.

② 빈곤한 농민들은 한 마리의 소로는 부담이 크다는 것을 알면서도 힘겨운 일을 떠맡길 수밖에 없었습니다. 이런 농가에서는 소가 새끼를 가지면 동작이 느려져서 능률이 오르지 않으므로 임신을 못하게

했다고 합니다. 이래서야 어찌 소가 늘겠습니까!

③ 한국의 농가에서는 1년 내내 소를 기르는 농가가 드물었다고 합니다. 너무나 가난해서 겨울에 주는 사료를 끓이기 위한 연료(장작)가 부족하기에 봄에 소를 구입하여 일을 시킨 후 가을이 되면 소를 팔아야 했다고 합니다. 이러한 농가에서 새끼를 낳게 할 생각은 전혀 할 수 없었기 때문에 더 더욱 송아지가 늘지 못했습니다.

④ 한국에서 사육되고 있는 절반 이상의 소가 지주나 부자들의 소유였고 그 소를 가난한 농민이 빌려 쓴 탓으로 송아지 생산이 감소되었습니다.

①, ②, ③에 대해서는 더 이야기할 것이 없지만 ④에 대해서는 좀 더 구체적인 이야기를 하겠습니다.

한우는 매년 한 번 이상, 한 사람에서 다른 사람의 손으로 넘겨지고 있었습니다. 말하자면 1년 내내 같은 사람에게 사육되는 소는 거의 없었습니다. 이런 말을 그대로 믿는 사람은 없겠지요. 그러나 들어보세요. 해방 후의 사정은 잘 모르겠지만 일제 강점기에 소를 매매할 때는 반드시 소시장을 통해서 매매하지 않으면 안 되었습니다. 시장에서 거래되는 소의 총 두수를 보면 한국에 있는 소의 두수와 거의 같거나, 어느 때는 그 두 배나 되는 소가 시장에서 매매되었다고 합니다. 그렇지만 한국의 모든 소가 시장에서 매매된 것은 아닙니다. 1년 내내 같은 주인 밑에서 사육되던 소도 있었겠지요.

한국의 농업은 해방되기 전까지 봉건시대의 짜임새 그대로 경영되었다고 해도 과언이 아닙니다. 그렇기 때문에 농민은 횡포가 심한 지주들의 착취를 받아가며 가난한 생활에 시달려 왔습니다. 농민을 이러한 빈곤 속에서 구하기 위해서 하루 빨리 봉건적인 짜임새를 타파하고 민주적인 제도를 마련하지 않으면 안 됩니다.

그리고 소 사육법을 개량하는 일과 동시에 한우에 대한 과학적인 연구를 깊이 하고, 개량할 가능성이 있다면 아무리 작은 것이라도 최선을 다해 개량해 나가야 할 것입니다.

우리 안에 있는 한우

7

한우를 과학적으로 기르자

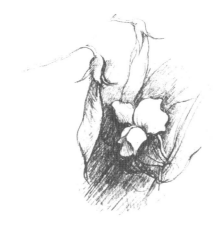

한국에서 소 사육을 어떻게 하면 과학적이고 합리적으로 할 수 있을까요? 다시 한 번 한우가 어떻게 매매되고, 어떤 사료를 먹고 있는지 상기할 필요가 있습니다.

한우를 과학적으로 기르자면……

한국에서 소를 기르는 농민은 너나 할 것 없이 가난했기 때문에 한우를 과학적으로 키워보려고해도 그럴만한 여유가 없었습니다. 먼 옛날부터 아들은 아버지, 아버지는 할아버지로부터 이어받은 소사육법을 꿋꿋이 계승해 왔습니다.

한국에서는 지방마다 농가마다 적합하다고 생각되는 사육법을 오랜 세월을 거쳐 계승해 왔습니다. 그러기에 그 사육법은 아주 귀중한 것이었습니다. 그러나 아무리 많은 경험과 귀중한 지혜가 담겨있다고 해도, 그것이 지방마다 혹은 개개의 농가마다 다른 지혜와 방법이지 한국에서 공통적으로 쓸 만한 것은 아니었습니다. 여기에 한국의 소 사육법을 과학적으로 발전시켜야 할 근본적인 이유가 있습니다.

그야 그렇겠지요, 과학이란 것은 세상과 자연계의 운동을 탐구하는 학문이기 때문에 모든 사람들에게 통용되지 않고서는 과학이라고 말할 수 없습니다.

사람들 개개인에게는 그만한 이유가 있는 사육법이라고 한들 다른 사람에게 무의미한 것이라면 그것은 과학적인 사육법이라고 할 수 없습니다. 사육하는 사람들이 지혜와 고생 끝에 얻어낸 것이라고 해도 그것이 곧 과학적인 것이라고는 말할 수 없는 것입니다.

한 가지 예를 들어 더 자세히 이야기 하겠습니다. 축산학에 하루 한 말斗(약 18L)의 우유를 생산해내는 젖소나 육우의 정상적인 성장을 위해서 각각 체중 370kg를 기준으로 하여 어느 정도의 사료를 주어야 하는지 연구한 결과가 나와 있습니다.

독일의 켈르너, 미국의 암스비와 헨리 등 저명한 학자들이 홀슈타인종이나 헤리포드종 등의 가축에게 용도별로 여러 가지 사료를 먹이며 연구를 했습니다. 그 결과 사료급여표준 기준표를 작성하여 종류별로 계산할 수 있게 했습니다.

일본에서도 이런 학자들의 연구 성과를 응용하여 일본 재래종인 와규(일본소)에게 주어야 할 사료의 양을 계산해내는 기준표를 작성했습니다. 그런데 한우에 대한 이런 연구는 현재 작성된 것이 없습니다. 이러한 연구가 있어야 처음으로 모든 한우에게 주는 사료의 기준을 알 수 있는데 기준표가 없으니 농민 각자의 경험에 맡길 수밖에 없습니다. 이것이 지방에 따라 혹은 개개인의 농가에 따라 세세한 점부터 대략적인 부분까지 차이가 생겨난 이유입니다.

한우에게 외국사람들이 정한 기준표대로 사료를 먹여보세요. 여러분들은 그 결과가 어떤 것인지 잘 알겠지요. 이런 실험을 해본다면 내가 거듭 이야기한 바와 같이 한우는 조식(영양가 없는)을 마다하지 않는 소라는 것을 똑똑히 알게 될 것입니다. 다른 종류의 소가 먹을 만큼의 사료를 그대로 한우에게 주면 그것을 다 먹지 못할 것이니 헛된 일입니다. 이렇듯 한우는 다른 종류의 소에 비하면 사료 먹는 양이 훨씬 적어도 된다는 것, 그리고 조식을 충

우리 안에 있는 한우

분히 참아내고 견뎌낸다는 것을 확실히 알 수 있습니다.

사료 기준표는 말 할 것도 없고 한우사육에서 또 하나의 큰 장애는 사료를 죽으로 끓여주는 습관입니다. 그 결과 막대한 양의 땔나무가 필요하게 되어 가난한 농가에서는 나무가 없어 소를 기르지 못하는 경우도 허다합니다. 이렇게 죽을 쑤어주는 것이 필요한지의 문제는 아직 해명이 안 되었습니다.

한우의 소질을 잘 알아야 한다

소의 사육을 과학적으로 해나가자면 그저 사육법만 연구해서는 안 됩니다. 오히려 그런 연구를 하기 전에 무엇보다 먼저, 한우가 어떤 소질을 가지고 있는지 더 깊이 연구할 필요가 있습니다.

한우는 발육이 매우 느리다고 하는데 그것이 결코 한우가 가진 본래의 소질이라고는 생각할 수 없습니다. 한우는 태어난 후 매달, 어느 정도 성장하고 몇 개월 지나야 어른 소가 되는지, 그런 문제조차도 다 해명되지 않았습니다. 이런 형편인데 사육법이 마땅한지 어떤지 어떻게 판단할 수 있겠습니까!

따라서 한우를 과학적으로 육성하기 위해서는 그 소질부터 자세히 연구해볼 필요가 있습니다. 다시 말하면 한우의 시작, 바로 '가갸거겨'부터 공부해야 한다는 것입니다.

역사 공부도 필요하다

한우가 가지고 있는 소질에는 그에 합당한 원인과 역사가 있는 것입니다. 따라서 그 역사와 원인을 알아보는 일을 소홀히 해서는 안됩니다.

과학이란 하나의 결과가 나오게 된 원인과 역사를 잘 알아보고 그것이 오늘 어떤 모양을 하고 있는지 알아본 후에 그 모든 것을 종합하는 학문입니다. 때문에 과학도 역사를 중요시합니다. 역사를 올바르게 공부하면 지금까지 무관심하게 넘겨온 역사적인 사실 속에 중요한 문제가 숨어있는 것을 알 수 있습니다.

고려 말기에 원나라가 침입하여 서흥의 산골에 목장을 꾸렸으나 그 후 바다 가까운 백천이라는 곳으로 옮기고 다시 섬으로 옮긴 사실이 있습니다. 이런 역사상의 사실은 앞으로 한우를 증산하는 데 지침이 될 뿐더러 참고해야 할 중요한 대목입니다.

여러분 중에 "그런 일이 어떻게 참고가 됩니까?"라고 할 사람이 있을 것입니다. 다름이 아니라 그 당시에는 최고의 목축지는 사람이 많이 살지 않는 넓은 땅이 있는 지역이었습니다.

옛날에는 산골에서 바닷가로 옮겨갔던 목장이 오늘날에는 바닷가에서 산골로 이동해가고 있는 정반대 현상이 일어나고 있습니다. 도대체 "어느 쪽이 옳은 것인가?"라고 생각해 보아야 합니다. 물론 지금은 인구도 훨씬 증가하여 해변가에 사는 사람들도 많아졌고 소를 키우는 땅이 줄어든 결과, 인구가 적은 산골로 쫓겨 갔다고 할 수 있습니다.

옛날에는 산골에 늑대나 곰 같은 짐승들이 많아 이런 맹수들이 소나 말을 잡아먹는 일이 빈번히 일어났습니다. 이런 맹수로부터 소나 말을 지키기 위해서 산골에서 해변가로, 그리고 섬으로 이동해 갔다고 생각할 수 있습니다. 그러나 그 밖에 더 근본적인 원인이 있었다는 것을 잊어서는 안 됩니다.

어떤 학자는 그 이유를 "원래 풀을 먹고 사는 동물은 소금이나 그 외의 염분이 필요하다. 그런데 한국의 산야는 산성토양이 많고 염류가 부족한 지방이 많다. 몽고지역은 알카리토양이 많아 풀에도 이런 염류가 많이 포함되고 있다. 이런 몽고와 한국의 차이점을 몰랐던 원나라는 자기들의 관습대로 산골에다가 목장을 두었다. 그러나 그 결과는 좋지 못했다. 그들은 생각 끝에 한국에서 가장 염류가 많은 지역을 찾아내어 점차로 바닷가나 섬으로 이동해 갔다. 그 증거로 최적의 목축지라고 생각했던 함경남도의 산골지방들에서는 '혈반병血斑病'이나 '골절병' 등 염분부족으로 생기는 병이 많이 발생했다. 그렇기 때문에 앞으로 한국에서 소를 증산하기 위해서는 해안선이 많은 섬들에서 더 많은 소를 길러내야 한다."고 주장하고 있습니다.

이와 같이 문제를 과학적으로 보게 되면 많은 것을 깨닫게 될 뿐만 아니라 이런 사소한 사실 속에서 귀중한 교훈을 얻어낼 수 있습니다.

오늘까지 한국에 군림해 온 일본제국주의의 축산 부문의 관료들은 한국의 축산업을 수탈의 수단으로 생각했을 뿐 진지하게 대하지 않았기에 그들이 해 온 일에는 많은 결함이 있을 것입니다.

지금까지의 이야기는 한우의 우수한 소질에 대한 것,

나아가서는 한국 농민이 한우에 대한 사랑을 더 합리적인 것으로 발전시켜주길 기대하는 이야기들이었습니다. 그러나 그 외에 더 연구해야 할 문제도 많다는 것을 잊어서는 안 됩니다. 예컨대 큰 피해를 초래한 전염병에 대한 지식과 예방법을 잘 알아야 한다는 것, 그리고 예방법만이 아니라 마소 사육상 남아 있는 여러 문제점, 그외의 여러 가지 병에 대한 올바른 지식을 알고 처방을 잘 해나가야 할 것입니다. 또한 소를 부릴 때 쓰는 달구지, 쟁기, 운반도구들을 더 합리적인 것으로 만들어 나가는 일, 그리고 이런 도구의 부속품 즉 안장 같은 것을 더 과학적인 것으로 개량해 나가야 합니다.

그러나 이 모든 일의 근본은 소를 기르는 당사자인 농민들의 빈곤을 없애는 것이 가장 중요합니다. 빈곤만 해결되면 한국의 한우육성사업은 크게 향상될 뿐만 아니라 더욱 과학적이며 합리적으로 발전할 것입니다. 농민의 빈곤문제가 해결되지 않고서는 아무리 노력해도 헛된 일이 되고 말 것입니다. 그러기에 한우육성사업을 과학적으로 하기 위해서도 우선 빈곤한 사람이 없는 세상을 만들기 위해 힘쓰는 것이 가장 중요하다고 생각합니다.

맺음말

어떻습니까?

일본의 소년소녀 여러분!

나의 이 짧은 글을 읽고 지금까지 여러분의 마음 한 구석에 남아 있던 한국과 한국 사람에 대한 편견과 멸시감이 얼마나 근거 없는 것인지 분명히 이해했을 것입니다.

한국과 일본은 기후나 풍토에 적지 않은 차이점이 있지만 공통점도 많습니다. 특히 일본과 한국은 소농小農경영조직의 형태로 농사를 짓고 있습니다. 한우와 한국 농업의 결합점은 곧 한우와 일본 농업의 결합점이라고 볼 수 있습니다. 그러기에 한우를 더 많이 길러내야 할 일본 농민에게도 이 책이 반드시 참고가 될 것입니다.

이 글이 한 · 일 두 나라의 가교가 되어 일본과 한국 국민들이 서로 이해하고 신뢰하는 출발점이 되어주길 간절히 기대합니다.

일본과 한국의 공통점인 소농경영에서 한우의 역할이

매우 중요합니다. 양국의 소농경영을 앞으로 어떻게 대농경영으로 확대해 나갈 것인가? 그리고 그 발전에 따라 한우의 역할을 어떻게 바꾸어 나갈 것인가 하는 문제는 두 나라 농민의 공통된 과제라고 생각합니다.

소만 가지고도 이렇게 많은 과제들이 제기됩니다. 그런데 다음으로 한국의 쌀이나 철 등 여러분의 흥미를 끄는 주제를 진지하게 공부해 나간다면 여러분의 사고력과 탐구심이 크게 발달할 것입니다.

내가 이 글을 써낸 목적은 한우의 우수성을 잘 알고 일본인이 가지고 있는 한국에 대한 근거 없는 편견을 없애는 것과 동시에 이런 공부를 통해서 사물을 옳게 보는 힘을 배양해 주었으면 하는 기대가 컸기 때문입니다.

끝으로 이 글이 계기가 되어 일본과 한국의 어린이 여러분 사이에 이해와 신뢰, 그리고 따뜻한 우정이 꽃필 것을 마음속으로 기대하면서 이 글을 맺겠습니다.

옮긴이의 말

"한국의 벗들도 읽어 주세요."

이 책의 제목을 본 여러분들 중에는, "뭐라고? 한우를 사랑하다고? 일본인 학자가 70년 전에 쓴 책이라고? 얼빠진 소리 그만 하세요."

대번에 이런 말이 들려오는 것 같습니다. 그런데 그렇지 않습니다. 이 책은 볼만한 책입니다.

왜 이책을 한국어로 번역했는가?

번역작업을 맡은 저는 80세를 넘긴 재일한국인 2세 노인입니다. 조국의 해방을 맞이한 1945년에 10살밖에 안된 철부지였습니다. 망국노로 태어난 것만 해도 분한데 일제의 '황국민화교육'을 강요당한 저는 어른이 되면 일본군인이 되겠다고 생각한 '군국소년'이었습니다. 이것은 진짜 어리석은 생각이었습니다.

그러기에 조국의 광복은 나의 민족적 각성의 출발점이었습니다. 광복 직후 일본 각지에 사는 동포들은 자녀들을 위한 '국어강습소(학교)'를 개설하여 모국어를 배우게 했습니다.

부모님의 동향인이고 경건한 기독교인이신 백종기 선생님이 고향(포항) 사람들의 적극적인 추천을 받아 우리가 사는 동포부락학교에 취임하셨습니다. 급히 지은 오막살이 학교에서 "가갸거겨"부터 배운 국어시간, 즐거운 음악시간에 선생님의 하모니카 반주에 맞추어 '해방의 노래', '고향의 봄' 그리고 끌려가는 한우의 슬픔을 담은 노래들을 불렀습니다.

우리 집 엄마소는 팔려간대요.
산 너머 바다 건너 일본 땅으로
소 장사를 따라서 팔려간대요.

이 노래는 지금껏 가슴 깊이 새겨져 있습니다.

선생님께서는 "너희의 부모님도 이 한우와 같이 일본에 끌려온 분들이다. 이 굴욕을 어떻게 갚아야 할지 잘 생각해 보자"고 하시면서 우리들의 가슴에 한민족의 넋을 심어주셨습니다.

은사께서 넘겨주신 책

1950년, 6·25동란이 일어난 해였습니다. 선생님이,

"얘들아, 이 책은 읽어볼 만 하다……"

하시면서 넘겨주신 책이 바로 이 소책자 《한우를 사랑해요》였습니다.

내가 살던 농촌 마을은 일본소·와규로 이름난 오미規近江牛의 특산지 시가현이었습니다. 그런데 그 시기만 해도 적지 않은 일본인 농가에서 한우 황소를 기르고

있었습니다.

　친하게 지내던 일본인 친구의 집에서도 한우를 길렀습니다. 어느 따뜻한 봄날, 친구와 나는 소를 몰고 언덕에 올라 풀을 뜯는 소를 따라다니다가 그만 숲속에서 잠이 들어 버렸습니다. 그런데 황소는 우리 곁을 떠나지 않고 잠에서 깨어난 나를 애처로운 눈으로 바라보고 있지 않았겠습니까?

　"그래 네 고향이 어딘데?"라고 속삭여보고 고향의 향기도 맡아보았습니다.

　"자! 이제 돌아가자!"고 하는 친구의 말에 정신을 차렸으나 친구는 내가 이 황소를 좋아하는 그 까닭을 상상도 못했을 것입니다.

　소를 따라 노래 부르면서 집으로 돌아온 먼 소년 시절의 달콤한 추억, 그리고 이 소책자에 담긴 사연은 지금껏 나의 기억에 생생하게 남아 있습니다.

감성이 풍부한 소년기에 높뛰는 가슴을 안고 읽었던 이 책이 수십 년간 '행방불명'이 되고 말았습니다. 객지 생활이란 물에 뜬 부초와 같다고 하지만 이리저리 이사를 거듭하면서 책과 '이별'한 후 수십 년의 시간이 지나 버렸습니다.

　그런데 재작년 가을 책장 구석에 끼여 있던 책이 방긋이 고개를 내밀었습니다. 저는, "아이쿠! 이런데 숨어 있었구나……"

　함성을 질렀습니다.

　그 무렵, 효고현 다카라즈카시宝塚市에서는 김예곤金禮坤씨를 중심으로 하는 일본인과 한국인의 친선교류를 도모하기 위한 외국인 시민문화교류협회를 설립하고 수십 년 간 활발한 활동을 해오고 있었습니다.

　저도 뒤늦게나마 이 협회에 가입했습니다. 어느날 책

을 안고 협회 회의에 나갔더니 옆자리에 앉아 있던 일본인 와다和田씨가 한참 책을 보다가 "내가 먼저 보겠소"라고 하면서 책을 들고 갔습니다. 한 달 후에 다시 회의석상에서 와다씨가 책을 돌려주면서 흥분한 어조로 말하는 것이었습니다.

일본인 와다 노인의 소원

"70년 전의 이야기라고 해서 그저 무심하게 읽기 시작했어요. 그런데 이 저자의 말대로 일본인이 가지고 있는 차별감과 편견은 집요하게 남아 있습니다. 이 책은 우선 일본인이 읽어야지요. 오늘날 한일 간의 우호·친선사업을 이런 시점에서 못 보고 있는 것이 큰 문제입니다."

그러면서 잠시 천장을 쳐다보다가, "이 책을 한국어로 번역해서 많은 한국의 친구들이 읽어준다면 얼마나 좋겠습니까"라고 말씀하시는 것이었습니다.

협회의 고문격인 김예곤 선생의 제안으로 책을 복사하여 우선 회원들이 읽도록 했습니다. 그런데 책을 펴낸 출판사는 벌써 폐업한지 오래였고 이리저리 알아보았지만 저자인 마쓰마루 선생의 유가족도 찾을 수 없었습니다.

시일은 점점 흘러가고 와다 노인의 소원에 보답하지 못해 초조한 심정을 누르지 못하고 있을 때 재일동포화가인 김석출 화백이 한우를 모티브로한 역작을 세상에 발표했습니다.(표지 그림) 연달아 여류화가 김영숙 선생도 한우를 그린 작품을 발표했습니다.(2쪽 그림) 그 뿐만 아니라 한우에 대한 학습을 통해 우리들은 다음과 같은 사실을 알게 되었습니다.

마쓰마루 선생의 이 책은 일본대학 축산학과에서 많은 교수들이 학생들에게 필독서적으로 추천하고 있으며 축산학 도서의 고전적인 명저로 높은 평가를 받고 있다는 것입니다.

　우리 번역팀은 어떤 일이 있어도 모국어로 번역하고야 말겠다고 다시 마음을 다지고 번역작업을 서둘렀습니다.

　원문에서 일부 중복된 부분은 생략하기로 하고 일본어의 독특한 표현이나 일본어 문체도 남겨 놓았습니다. 그러기에 일부 어색한 부분이 있기도 합니다. 부디 양해하시기 바랍니다.

　70년 전에 이런 일본인 학자도 있었다

　마쓰마루 선생은 이 책을 펴낸 이유를 다음과 같이 쓰고 있습니다.

　"일본제국주의는 ……한국을 식민화하고 약탈을 해 왔습니다.…… 두 번 다시 이런 범죄를 되풀이 하지 않기 위해서라도 이 책이 이해와 믿음의 가교가 되기를 기대합니다"라고. 그리고 이 책이 한·일간 국민들의 진정한 친선과 신의의 "가교"가 되어주기를 기대한다고 썼습니다.

여러분이 읽어본 바와 같이 마쓰마루 선생은 "한우가 우수한 소질을 겸비한 훌륭한 역우"라고 높이 평가하고 앞으로 결함은 고치고 더 과학적으로 길러내야 한다고 강조하고 있습니다. 그러니 어찌 이 책을 옛날에 쓴 낡고 가치 없는 책이라고 하겠습니까! 오래 전에 쓴 책이지만 이 책은 새로운 오늘의 책입니다. 70년 전 마쓰마루 선생의 메시지는 오늘도 우리의 심장을 뜨겁게 합니다.

우리는 이렇게도 선량하고 지성어린 일본인 학자가 있었다는 사실을 잊어서는 안 될 것입니다,

우리나라와 일본은 바다를 사이에 두고 사는 이웃입

니다. 모국을 멀리 떠나 사는 사람일수록 고향과 조국은 애타게 그립고 한없이 귀중한 것입니다.

우호·친선을 소리 높여 떠벌리면서 자신의 이기심이나 야망에 이용하는 무리들이 있다면 그것은 진정한 우호도 아니고 친선도 아닙니다. 양국의 백성들, 국민들 간의 우호와 우정에는 본질적으로 계산이 앞서지 않습니다. 그렇다고 해서 무조건적인 우호나 우정도 없다고 생각합니다. 서로의 문화와 역사를 존중하고 진실된 믿음이 있어야 합니다.

76만 재일동포가 온갖 풍파를 이겨내고 살아온 100여 년의 역사에는 선량한 일본 사람들의 따뜻한 이해와 우정이 있었습니다. 동시에 재일동포가 한·일간의 우호·친선에 투신해 온 끈질긴 노력이 있었기 때문입니다.

우리 재일동포는 자신의 생활과 체험을 통하여 한·일간의 우호·친선의 중요성을 너무나도 잘 알고 있습니다.

일본 시민들과 손잡고 추도비 건설운동을 벌이다

앞에서 이야기한 다카라즈카시의 교류협회는 수년 전부터 일제 강점기에 시내 한복판을 흐르는 강변공사와 철도부설공사 그리고 수도水道부설공사에 끌려와 희생된 다섯 분의 한국인을 위령해 왔습니다. 협회에 참가하고 있는 일본 시민들과 동포들은 30년 전에 이 사실을 알게된 그날을 일기로 해마다 강가에 모여 제사를 지내고 고인들을 추모해왔습니다.

그리하여 수년 전부터는 추도비를 건설하기 위한 운동을 시작했습니다. 우리들은 이 운동에 발맞추어 '추도비 건설을 위한 목련꽃회'를 만들고 찬조자와 찬조금을 늘리기 위한 운동을 힘차게 벌여왔습니다.

김예곤 선생은 "우리는 이 사실을 잊어서는 안 된다. 이렇게 많은 일본 사람들이 운동을 벌여 친선을 도모하자고 하지 않은가……. 추도비를 세워 후대에게 전하자"고 하시면서 22명의 발기인들의 앞장에 서주셨습니다.

　지성이면 돌에서 꽃이 핀다고……

　뜻을 함께 한 일본인과 동포들이 다가오는 봄, 목련꽃 피는 무코가와武庫川 강가에서 추도비 서막식을 가지게 되었습니다.

　우호와 친선이란 별다른 것도 아니고 특정된 사람만이 하는 일도 아닐 것입니다. 이러한 운동이 축척되고 확대되는 가운데 양국 간의 진정한 신뢰와 친선이 이루어진다는 것을 우리는 굳게 믿습니다.

더 많은 사람이 쇠고기를 먹는 날이 오기를……

마쓰마루 선생은 책을 맺는 부분에서 "한국에서는 소가 부족하고 쇠고기를 먹지 못하는 사람이 너무나 많습니다. 소수의 부자들만이 먹었던 쇠고기를 많은 국민들이 풍족하게 먹을 수 있게 된다면 얼마나 좋겠습니까!"라고 말하고 있습니다.

오늘날 한국의 농민들과 축산업에 종사하는 사람들의 과감하고도 꾸준한 노력의 결실로 우리나라 축산업의 면모는 몰라보게 성장하고 발전했습니다.

지난날 풀어야 할 과제로 남아 있었던 지육의 비율을 높이는 문제는 수십 년 전에 해결되고 오늘 한우의 지육은 일본소·와규(50~55%)에 못지 않은 수준에 이르렀으며 한우의 총 두수는 2000년대 들어서는 300만 두로 늘어났습니다.

오늘 우리나라 소의 총 두수는 1980년대의 204만 두 수준에서 319만 두(2014)로 뛰어 올랐습니다.(일본은 346만 두).

그리하여 우리나라의 연간 쇠고기 소비량은 1980년대 당시 2.8kg에서 90년대에는 4.1kg으로 늘었고 2016년에는 11.6kg으로 늘어났습니다. 실로 30년 동안에 4배로 뛰어 올랐습니다.

이러한 성과는 조국의 축산업 부문에서 일어난 또 하나의 기적입니다. 이 기적은 한우의 존재를 빼놓고서는 생각할 수 없는 일입니다.

우리는 한우가 온순하면서도 일 잘하는 '세계의 보물'이라는 것을, 뿐만 아니라 한우는 이제 떳떳한 육우로 자라난 우리 모두의 벗이란 것을 소리 높여 자랑합니다.

그리고 한우를 아끼고 사랑합니다.

끝으로 이 책의 출판에 각별한 의의를 부여하시고 출판을 용단하신 '논형' 대표 소재두 사장님께, 그리고 편집을 맡아주신 이용화 선생님께 우리 모두의 뜨거운 마음을 담아 심심한 감사를 드립니다.

2018년 정월

추도비 건설을 위한 목련꽃회(もくれん会)

대표: 김예곤(金禮坤)

위원: 한남수(韓南洙), 와타나베 마사에(渡辺正恵),
　　　류선자(柳善子), 김말자(金末子), 김길호(金吉浩),
　　　박청(朴清), 김석출(金石出), 현경언(玄慶彦),
　　　허옥희(許玉姬), 가와세 슌지(川瀬俊治),
　　　김영숙(金英淑), 이장근(李長根), 우에노 미야코(上野都),
　　　다마노 세죠(玉野勢三), 사코하타 가즈오(迫畑和生),
　　　히로세 요이치(広瀬陽一), 김상환(金相煥),
　　　조양자(趙洋子), 이마이 케이스케(今井圭介),
　　　이해진(李亥鎭), 고노 쿄고(河野恭子)

한우를 사랑해요

1948년, 한국을 사랑한 일본인의 한우 이야기

초판 1쇄 인쇄 2018년 4월 10일
초판 1쇄 발행 2018년 4월 20일

지은이 마쓰마루 시마조
옮긴이 목련꽃회·이해진
그 림 김석출·김영숙
펴낸곳 논형
펴낸이 소재두
등록번호 제2003-000019호
등록일자 2003년 3월 5일
주소 서울시 영등포구 양산로 19길 15 원일빌딩 204호
전화 02-887-3561
팩스 02-887-6690
ISBN 978-89-6357-199-7 03910
값 13,000원

이 도서의 국립중앙도서관 출판예정도서목록(CIP)은 서지정보유통지원시스템
홈페이지(http://seoji.nl.go.kr)와 국가자료공동목록시스템(http://www.nl.go.kr/
kolisnet)에서 이용하실 수 있습니다. (CIP제어번호: CIP2018010247)